ELËN

DRAME

EN TROIS ACTES EN PROSE

PAR

Auguste VILLIERS DE L'ISLE-ADAM

NOUVELLE ÉDITION

« Ici gît Clarimonde
« Qui fût de son vivant
« La plus belle du monde... »
Th. Gautier
La Morte amoureuse

PARIS

CHAMUEL, ÉDITEUR
5, Rue de Savoie, 5

1896

ELËN

TYPOGRAPHIE

EDMOND MONNOYER

LE MANS (Sarthe)

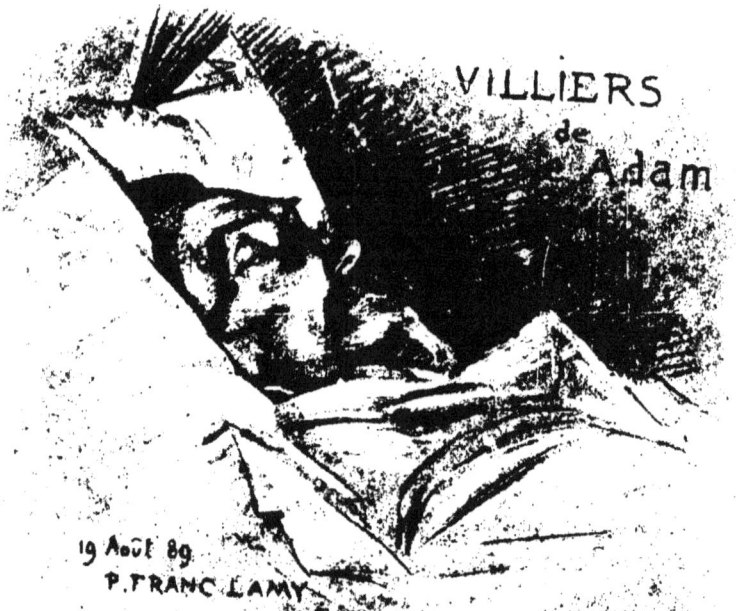

VILLIERS
de
Adam

19 Août 89
P. FRANC LAMY

ELËN

DRAME

EN TROIS ACTES EN PROSE

PAR

Auguste VILLIERS DE L'ISLE-ADAM

NOUVELLE ÉDITION

« Ici gît Clarimonde
« Qui fût de son vivant
« La plus belle du monde... »
Th. Gautier
La Morte amoureuse

PARIS

CHAMUEL, ÉDITEUR

79, Rue du Faubourg-Poissonnière, 79

1896

PERSONNAGES

——

SAMUEL WISSLER

ANDRÉAS DE ROSENTHAL, jeune seigneur de Dresde.

GOETZ, étudiant, ami de SAMUEL.

TANNUCIO, chanteur et page d'ELEN, 17 ans.

ELËN.

MADAME DE WALBURG, dame de Dresde.

GRÉTE.

TÉRÉSA
CARMEN } suivantes d'ELEN.

UN LAQUAIS.

Etudiants, Masques, Seigneurs et Dames de Dresde, Religieux, etc.

La Scène est à Dresde, à une époque vague.

Toutes les indications prises du Théâtre.

——

ELËN

Au sortir de ce bal, nous suivimes les grèves :
Vers notre toit d'exil, au hasard du chemin,
Nous allions ; une fleur se fanait dans sa main ;
C'était par un minuit d'étoiles et de rêves !...

Dans l'ombre, autour de nous, tombaient des flots
[foncés
Vers les lointains d'opale et d'or, sur l'Atlantique,
L'outremer épandait sa lumière mystique :
Les algues parfumaient les espaces glacés ;

Les vieux échos sonnaient dans la falaise entière,
Et les nappes de l'onde aux volutes sans frein
Ecumaient lourdement contre les rocs d'airain ;
Sur la dune brillaient les croix d'un cimetière.

Leur silence, pour nous, couvrit ce vaste bruit.
Elles ne tendaient plus, croix par l'ombre insultées,
Les couronnes des morts, fleurs de deuil, emportées
Dans les flots tonnants, par les tempêtes, la nuit !

Mais, de ces vieux tombeaux dormant sous les érables,
Désertés, soucieux, aux décombres pareils,
L'ombre questionnait en vain les noirs sommeils ;
Ils gardaient le secret des cieux impénétrables.

Frileuse, elle voilait, d'un cachemire noir,
Son sein, royal exil de toutes mes pensées !
J'admirais cette femme aux paupières baissées :
Sphynx cruel, mauvais rêve, ancien désespoir.

Ses regards font mourir les enfants. Elle passe,
Et se laisse survivre en ce qu'elle détruit :
C'est la femme qu'on aime à cause de la Nuit,
Et ceux qui l'ont connue en parlent à voix basse.

Le danger la revêt d'un rayon familier ;
Même dans son étreinte oublieusement tendre
Les crimes rappelés sont tels, qu'on croit entendre
Des crosses de fusil tombant sur le palier.

Cependant, sous la honte illustre qui l'enchaîne,
Sous le deuil où se plaît cette âme sans essor,
Repose une candeur inviolée encor,
Comme un lis renfermé dans un coffret d'ébène.

Elle prêta l'oreille au tumulte des mers,
Inclina son beau front touché par les années,
Et se remémorant ses mornes destinées,
Elle se répandit en ces termes amers :

— « Autrefois, autrefois, quand je faisais partie
« Des vivants, leurs amours, sous les pâles flambeaux
« Des nuits, — comme la mer au pied de ces tombeaux,
« Se lamentaient, houleux, devant mon apathie !

« J'ai vu de longs adieux sur mes mains se briser !
« Mortelle, j'accueillais sans désir et sans haine
« Les aveux suppliants de ces âmes en peine :
« Le sépulcre à la mer ne rend pas son baiser.

« Oui, je suis insensible et faite de silence,
« Et je n'ai pas vécu ! mes jours sont froids et vains ;
« Les cieux m'ont refusé les battements divins :
« On a faussé pour moi les poids de la balance.

« Je sens que c'est mon sort, même dans le trépas :
« Et, soucieux encor des regrets ou des fêtes,
« Si les morts vont chercher leurs fleurs dans les
[tempêtes,
« Moi, je reposerai, ne les comprenant pas. »

Je saluai les croix lumineuses et pâles !
L'étendue annonçait l'aurore, — et je me pris
A dire, pour calmer ses ténébreux esprits
Que le vent du remords battait de ses rafales,

Et pendant que la mer déserte se gonflait :
— « Au bal, vous n'aviez pas de ces mélancolies.
« Et les sons de cristal de vos phrases polies
« Charmaient le serpent d'or de votre bracelet.

« Rieuse et respirant une touffe de roses
« Sous vos grands cheveux noirs mêlés de diamants ;
« Les valses vous jetaient près de moi par moments ;
« Votre blond cavalier vous disait mille choses ;

« J'étais heureux de voir sous le plaisir vermeil
« Se ranimer votre âme à l'oubli toute prête
« Et s'éclairer enfin votre douleur distraite
« Comme un glacier frappé d'un rayon de soleil »

Elle laissa briller sur moi ses yeux funèbres
Et la paleur des morts ornait ses traits fatals
— « Selon vous, je ressemble aux pays boréals :
« J'ai six mois de clartés et six mois de ténèbres ?...

« Non, monsieur, mes regards sont à jamais tournés
« Vers l'ombre, et mon orgueil empêche d'y rien lire :
« Je fais semblant de vivre, et, sous un clair sourire,
« Je suis pareille à ces tombeaux abandonnés. »

A

THEOPHILE GAUTHIER

ACTE PREMIER

ELËN

ACTE PREMIER.

Une terrasse devant l'auberge des *Armes de Dresde*.
La devanture tient la longueur des trois plans, à gauche.

Au fond, grande allée de la principale promenade de
Dresde ; montée praticable. Statues entre les arbres ;
palais lointains.

A droite, charmille dont l'entrée fait face au public ;
près de la charmille un banc de mousse.

A gauche, presqu'au milieu de la scène, table sur
laquelle est posé un candélabre allumé.

Au lever du rideau, Tannucio dans un grand manteau
brun, la cape ramenée sur le front, descend par le fond,
à droite ; l'heure sonne dans la ville ; il regarde l'enseigne
et s'arrête.

SCÈNE PREMIÈRE.

TANNUCIO, seul, puis GRÊTE.

TANNUCIO.

Les *Armes de Dresde?*... Bien. Neuf heures,
je suis exact ; madame de Walhburg va venir.

(Il s'approche.)

2

Les étoiles commencent à briller ; le vent
est si doux qu'il n'agite même pas les lumières
de ce flambeau.

(Il frappe sur la table, Gréte paraît sur les marches
de l'auberge.)

Du vin de Calabre !

(Il s'asseoit puis s'accoude et rêve.)

Madame de Walhburg !... Oui, c'est une vio-
lente amazone, attrayante comme les dangers
inconnus ; l'obscure fierté de ses regards ne
laisse jamais transparaître la fête lugubre
de son cœur ; son front porte la mélancolie
comme une parure, et toujours vêtue de
noir, elle ajoute parfois à son corsage un
bouquet d'immortelles, comme on en voit sur
les tombeaux.

(Rentre Gréte avec un flacon cerclé de paille et une
coupe de cristal. — Tumulte de hurras dans l'intérieur
de la taverne.)

Quelles sont ces voix joyeuses ?

GRÉTE.

Ce sont les étudiants qui boivent depuis trois
jours.

(Elle verse.)

Ils attendent ce soir même, le retour de leur
chef, Samuel Wissler. Un beau jeune homme
pâle...

TANNUCIO, à part.

Leur chef?... C'est juste ; ils conspirent pour
se distraire, ces jeunes gens.

(Les fenêtres du palais d'ELEN s'illuminent dans le
lointain ; TANNUCIO se détourne, un reflet de lumière
frappe son visage ; GRÉTE l'aperçoit ; mouvement de
surprise.)

(Haut). Qu'avez-vous ?...

GRÉTE.

Rien. N'êtes-vous pas...

TANNUCIO, à part.

Diavolo !...

GRÉTE.

... Le page de la comtesse Elën ?

(TANNUCIO, souriant, hausse légèrement les épaules et boit sans répondre.)

Certainement vous lui ressemblez un peu.

TANNUCIO, la regardant fixement.

Vous connaissez ce page, mademoiselle ?

GRÉTE.

Oh ! pour l'avoir vu passer à cheval et rentrer dans ce palais où madame Elën donne des bals si brillants, toutes les nuits... Mais Thérésa, ma cousine, qui est à la comtesse, pourrait vous dire une belle histoire !

TANNUCIO, inquiet.

Une belle histoire ?

GRÉTE.

Je l'ai oubliée... — Cela s'est passé en Italie je crois.— La comtesse, paraît-il, voyageait dans les Apennins. On traversait une grande forêt, aux environs de Florence lorsque, tout à coup, son équipage fut entouré par des brigands.

TANNUCIO, lorgnant, aux lumiéres des bougies,
la coupe de cristal.

Malpeste !

GRÉTE.

Les domestiques étaient si bien armés que les brigands prirent la fuite. Tannucio était un joli garçon de quinze ans ; il faisait partie de la bande, et la belle dame, au fort de l'aventure l'avait distingué d'un coup de pistolet. L'enfant était tombé tout sanglant sur le gazon, la comtesse le prit dans sa calèche, le fit guérir, et, comme il chantait bien, il est devenu son page, depuis.

TANNUCIO, se levant.

Un glorieux conte !

(Lui donnant une pièce d'or.)

Tenez, mademoiselle.

(GRÉTE se retire avec un sourire et un salut. —
TANNUCIO s'éloigne vers le fond de la scène. Aussitôt la
porte refermée, il se retourne brusquement.)

SCÈNE II.

TANNUCIO, seul.

Seul !...

(Il fait un geste de décision insouciante, entr'ouvre
son manteau, relève sa cape, et les jette loin, sur un
banc. — Il apparaît alors dans son costume de page.
pourpoint et mailles collantes, en soie cramoisie, et
brodés de passequilles d'or ; un riche poignard à la
ceinture, une plume de paon au coin de la toque, les
cheveux bouclés, noirs, flottants et poudrés d'or ; il se
met à rire silencieusement.)

Protée n'était qu'un malappris !...

(Il s'asseoit près du candélabre, sur la table, puis il
tire de sa poche un petit flacon et le regarde,)

Vingt-cinq gouttes, vingt-cinq mille florins !...
disait-elle. — Mille florins la goutte ; on dou-

blerait volontiers la dose à l'occasion ! —
L'obscur est de les verser.

(Il rêve.)

D'ailleurs, il est d'autres moyens, moins
hasardeux et plus brillants ; — la zingara corse
qui me l'a cédé pour une ballade me jura, sur
ses amours, que le parfum de ce bon élixir suf-
firait pour infiltrer dans le cœur un poison
irrémédiable ; — je suis tranquille, ô mille fois
dédaigneuse Elën !

(Un moment de silence. — Il se lève tout à coup.)

Ah divinités infernales !... je n'hésiterai pas.
Je me moque des amours et des vengeances,
je souris des noires colères jalouses. — Mais
quoi !... pas un thaler dans la bourse, et j'ai
besoin d'or pour m'en aller dans les pays de
mes rêves, les pays de calme et de clartés !...
Car je m'ennuie sous ces froids soleils !... je
chante mal dans ces pays de malheur... L'or
est décidément le bienvenu ! Les dés sont jetés ;
— j'accepte.

(Il se rasseoit sur la table, se remet à jouer avec son
poignard et reprend sa physionomie souriante.)

A présent rappelons-nous la fameuse phrase de Madame de Walhburg : « Il nous faut un signal ; eh bien, ce soir à neuf heures soyez caché dans la charmille, à l'hôtel des *Armes de Dresde*. Appuyée au bras de monsieur de Rosenthal, je passerai près de vous ; si je laisse tomber ce bouquet d'immortelles, exécutez vite ; si je garde les fleurs à la main, attendez encore. » — Bien !... Pourvu qu'elle soit résolue !...

(Il se lève et fait quelques pas en regardant les allées environnantes.)

C'est elle !... Oui ; les voici tous deux ; ils parlent d'amour, sans doute... A mon poste !

(Il se cache dans la charmille et s'accoude à une statue. Entrent par le fond, à gauche, madame de WALH-BURG et le CHEVALIER.)

SCÈNE III.

ANDRÉAS DE ROSENTHAL, MADAME DE WALHBURG,
TANNUCIO caché, puis GOETZ.

ANDRÉAS, vêtu de noir, jeune seigneur,
un peu pâle, irréprochable.

Je m'attendais à rencontrer la landgrave
Léonore, votre belle amie, dans le cours de la
soirée d'hier ; vous avez chanté seule et si
bien que nous avons oublié son absence, madame.

MADAME DE WALHBURG.

Ce compliment, monsieur de Rosenthal, ne
s'adresse pas à moi; vous ne m'avez pas en-

tendue ; je vous rappelais seulement, — oh !
j'en suis certaine !— les accents d'une voix plus
aimée.

(Elle s'asseoit sur le banc de mousse).

ANDRÉAS.

Vous me surprenez, madame.

MADAME DE WALHBURG, jouant avec
le bouquet d'immortelles.

En ce moment même vous êtes soucieux ;
vous songez à une femme près de laquelle,
selon vous, la plupart des autres femmes ne
méritent plus l'attention : la comtesse Elën,
je crois ?....

(Doucereuse).

Pardon, je ne savais pas que ce nom dût
vous faire pâlir ?

ANDRÉAS, debout, appuyé à la charmille.

J'ai sans doute admiré, avec tout le monde, la comtesse Elën dès son arrivée à Dresde, et nous avons été liés quelque peu, c'est vrai ; mais actuellement, ce ne serait que par politesse ou par simple curiosité que je prendrais sur moi, si je la rencontrais jamais, de lui demander de ses nouvelles.

MADAME DE WALHBURG, souriante.

Vous êtes heureux : vous avez le détachement facile. Voilà, certes, un amour vite effacé.

ANDRÉAS.

Effacé !... Les sentiments qu'inspire une telle femme peuvent changer, mais ils ne s'effacent pas.

MADAME DE WALHBURG.

Ce qui veut dire que vous en êtes à la haine?

ANDRÉAS, après un silence.

J'ai beaucoup aimé la comtesse Elën, madame.

MADAME DE WALHBURG.

C'est un sentiment d'amour-propre blessé qui vous fait parler de la sorte : vous êtes injuste.

ANDRÉAS.

Le cœur ne sait rien du juste ou de l'injuste: il éprouve; cela suffit. Mais quittons ce sujet, de grâce.

MADAME DE WALHBURG.

Dites, vous l'aimez encore, monsieur de Rosenthal?

ANDRÉAS, avec un sourire.

Ceci me fait de la peine, venant de vous.

MADAME DE WALHBURG.

De toute votre âme, n'est-ce pas?...

ANDRÉAS, à part.

Par les démons!... (*Haut*). Ne parlons plus de la comtesse, je vous prie.

MADAME WALHBURG.

Au point d'en mourir, si elle n'essaye pas de
vous aimer encore ?...

ANDRÉAS, brusquement.

Eh bien, oui madame! puisque vous tenez à
le savoir. La comtesse Elën serait ici, s'appro-
cherait de moi, me prendrait la main en me
disant : « Je veux essayer de vous aimer, » je
lui répondrais: « Vous êtes venue comme un
supplice et vous avez emporté mon âme ; je ne
vous rappellerai pas les circonstances qui nous
ont séparés au milieu de cruelles paroles ; je
sais qu'on n'efface rien. Quand vous m'eûtes
abandonné, mon premier mouvement fut de
plaindre celui qui vous aimait; je savais qu'il
serait seul un jour. Je n'ai connu de la haine
que ce qu'elle a de fiévreux et de passager ;
je n'éprouvais pas de jalousie, puisque d'autres
yeux que les miens ne pouvaient voir en vous
celle que je voyais; nul ne saurait vous ravir,

pour moi! J'ai pensé simplement que vous étiez morte; j'ai pâli souvent de douleur en me souvenant de vous. Maintenant je te revois, c'est bien ; laissons là tout cet enfer !... Je me demande seulement comment tu es ressuscitée aussi belle, étant restée plus longtemps que Lazare dans le tombeau.

MADAME DE WALHBURG, lui prenant les mains.

Comme vous aimez!... Cependant vous êtes seul.

ANDRÉAS.

Je n'ai plus qu'un devoir à remplir.

MADAME DE WALHBURG.

Eh! mais une femme n'est pas impitoyable.

(Avec un sombre dédain contenu).

3

Et surtout...

ANDRÉAS.

Je ne comprends pas...

MADAME DE WALHBURG.

Et quel est-il ce devoir?...

ANDRÉAS, après un moment.

Aimer seul.

(Il fait quelques pas vers le fond de la scène et regarde
les noires allées désertes).

TANNUCIO, se dressant près de madame de Walhburg, et
d'une voix très basse et très rapide.

Eh bien! madame?

MADAME DE WALHBURG, de même.

Attends encore!...

(TANNUCIO se cache de nouveau dans la charmille. — ANDRÉAS revient vers elle. — MADAME DE WALHBURG remettant les fleurs à son corsage).

Il me semblait que votre attachement datait d'un voyage en Italie?...

ANDRÉAS.

Elën!... je l'ai connue, étant venu un soir lui demander l'hospitalité dans un sombre et antique palais, aux environs de la ville éternelle. Des étangs dormaient à peu de distance de ses murailles, et ce voisinage en approfondissait l'isolement. Sous le charme d'une sympathie mutuelle, elle m'apprit alors qu'elle venait de régions éloignées, des Antilles, je crois, — de son pays, — et qu'elle vivait retirée. Bientôt l'intimité devint plus familière et, sous le charme de sa causerie, je me sentais oublier les désen-

chantements. Dans la peine, sous les fers, au
milieu d'épreuves indicibles, s'était justifiée
l'élévation native de son esprit. Les transpa-
rences de ses rêves ornaient ses regards; ils
inspiraient des sensations de forêts orientales;
il y avait des lions et des serpents dans les so-
litudes de cette femme !.. Et je remarquais sa
beauté, l'éclat de sa pâleur créole, la distinction
de ses traits, les bruns reflets de sa chevelure.
Des senteurs de lianes dorées émanaient de sa
démarche, son corps était baigné du riche
parfum des savanes... Oh ! son visage magnifi-
quement fatal !.., je l'ai perdu.

MADAME DE WALHBURG.

Vous avez revu ce visage ?

ANDRÉAS.

Oui... Deux années lui donnaient ces charmes pénétrants qui éveillent l'idée du premier
rayon d'octobre sur les feuilles : c'est mainte-

nant une jeune femme dont les sens atteignent
l'horizon de la Mort.

MADAME DE WALHBURG, à part.

Oh! tristesse, il ne me voit même pas.

(Haut, d'une voix glacée).

Quel âge a-t-elle?...

ANDRÉAS

Le vôtre, à peu près.

MADAME DE WALHBURG, à part.

Misérable femme ! puisse le poison te faire
éprouver seulement la moitié de mes souffrances !

(Haut.)

Il est inutile de rester plus longtemps : l'air de la nuit m'a fait du bien ; je vous remercie : je suis mieux, je puis rentrer.

ANDRÉAS.

J'aurai l'honneur de vous présenter mes adieux ce soir, madame : je vais partir pour un pays très éloigné.

MADAME DE WALHBURG.

Comment !... vous quittez l'Allemagne !... Vous allez... et c'est maintenant que vous le dites ?...

(Elle tombe assise encore ; silence ; étonnement du chevalier.)

Oui, je comprends !... distraire, étouffer votre chagrin...

(Brusquement.)

Tenez, c'est une chose intolérable, monsieur,
c'est une horrible pitié !... D'où vient-elle, cette
femme ?... de Rome : on sait ce qu'elle a fait en
Italie ! Sa beauté, dites-vous ? Je l'ai vue : son
visage est passable, à peine. Son intelligence ?
A quoi l'exerce-t-elle ?... Son goût ?... Quels
amants se choisit-elle ?... Ah ! Ses moyens de
séduction, je les devine !... Peu de femmes en
seraient jalouses.

ANDRÉAS.

Vous avez des regards plus élevés, madame.

MADAME DE WALHBURG, continuant.

Oui, tout ce que je pourrais ajouter de pal-
pable serait inutile : vous l'aimez... La radieuse
Elën m'a pris mon mari, je crois ? Je le lui
laisse bien volontiers. Elle nous insulte par ses
triomphes et son luxe inconcevables; eh bien !
le prix de ses faveurs est juste; c'est charmant :

chacun son métier !... Un prince palatin, un
jeune seigneur, d'une beauté, d'une âme
exquises, vient de se tuer à cause d'elle, c'est
parfait ! Le bruit, le fard, le deuil, la ruine,
l'impudence et la honte, c'est admirable :
à chacun sa vie !... Mais quelle soit parvenue
à vous aveugler ainsi, à vous ôter à vous-même,
à vous faire souffrir si profondément, monsieur
de Rosenthal !

(Sombre.)

Je suis bien malheureuse, bien disposée au
pardon ; cependant voilà ce que je garde au
fond de mon cœur.

ANDRÉAS.

Madame, je vous remercie de l'intérêt que
vous me témoignez, bien qu'il soit pénible d'entendre outrager, n'importe ses crimes, une
femme aimée et perdue. Je ne conçois rien à
ce courroux, ni rien à cette conversation. Vous
m'avez questionné avec instance et j'ai répondu
sincèrement: je le regrette; mais je ne veux pas

me livrer à demi ; écoutez. Elles ne me touchent plus ces histoires sombres dont j'ai souffert !... D'autres l'ont possédée, je le sais. Oui, le premier connut sa vigne vierge aux grappes dorées par le soleil d'Orient! Le second s'est baigné dans ses fleuves paisibles ! Le troisième s'est enivré avec une goutte de sa nuit remplies d'étoiles attristées!... Que m'importent les autres ! Seul je sais ce qu'elle m'a donné... Qu'elle ait aimé celui qui vous parle, je n'en doute pas ; elle n'aime plus, voilà tout. De quel droit lui ferais-je un crime d'un malheur qui me frappe ? J'ai provoqué tout cela ; de quoi me plaindrais-je ? Elle n'aimera plus, cela me console .. En vérité, madame, heureux celui qu'une femme aime le dernier ! Il est pareil à ce nabab qui héritait des maharadjahs indiens. Mon âme lointaine s'inquiète peu des océans traversés, des horizons parcourus, des amours endormis sous la terre.

MADAME DE WALHBURG.

Et vous partez !... J'espère que nous nous retrouverons encore ?

ANDRÉAS.

Le pays que j'ai choisi pour exil est en rapport avec moi-même, et mon cœur est une nuit d'hiver. Ce sont des parages de tempêtes ; une étendue de vagues informes, troublées, désespérées, de rochers brisés par le froid : je vais vivre dans une cabane, de la vie des pêcheurs. J'en ai assez de la terre.

MADAME DE WALHBURG

Alors, certainement, nous nous retrouverons.

ANDRÉAS

Je ne pense pas, madame ; c'est le pays nocturne où le vent des mers lutte avec le vent des montagnes ; c'est l'Islande.

MADAME DE WALHBURG.

Je ne vous quitte plus, si vous voulez.

(Elle se lève et lui tend la main.)

ANDRÉAS, reculant de surprise.

Oh!... vous m'aimez !... Vous !...

MADAME DE WALHBURG

De toute mon âme et depuis longtemps, monsieur de Rosenthal !

ANDRÉAS

Madame, pourquoi donc avez-vous attendu ? Mon cœur est mort : je suis de ceux qui ne peuvent aimer qu'une fois. Recevez les meil-

leures pensées qui me restent... Je dois partir
seul.

MADAME DE WALHBURG, cachant
son visage dans ses mains.

Allons ! tout est fini.

(Elle tombe contre la charmille et reste silencieuse
un instant : puis elle arrache lentement les fleurs de son
corsage et les regarde. ANDRÉAS est au milieu de la scène
interdit. — Entre GOETZ, sortant de la taverne.)

SCÈNE IV

Les mêmes, GOETZ, descendant les marches, puis

SAMUEL WISSLER.

GOETZ, à part.

(C'est un jeune homme de bonne mine, et portant le costume des étudiants.)

Comment ! dix heures ! — et Samuel n'est pas ici ! — Serait-il arrêté !

(Au chevalier.)

Puis-je me permettre de vous demander, monsieur, si vous n'avez pas rencontré en chemin, tout à l'heure, un jeune homme d'environ vingt-six ans, d'une physionomie grave, intelligente et douce, aux prises avec une escouade de soldats ?

ANDRÉAS.

Non, monsieur, je n'ai vu personne.

(Ils causent à voix basse ; madame DE WALHBURG s'est
éloignée de quelques pas vers le fond de la scène.)

MADAME DE WALHBURG, à part.

Fleurs mortelles, je vous laisse tomber avec
mépris, comme je laisse tomber de mon cœur,
mon amour et ma vengeance !

(Le bouquet tombe ; SAMUEL entre à gauche en ce
moment.)

TANNUCIO, dans la charmille.

A l'œuvre !

(Il fait un geste sinistre, s'enveloppe de son manteau
et se croise avec SAMUEL.)

SAMUEL, se baissant et présentant le bouquet.

Vous perdez ces fleurs, madame.

(Madame DE WALHBURG tressaille et le regarde fixement.)

GOETZ, se détournant, joyeux, au son
de la voix de Samuel.

Hé ! le voilà !

(Il s'approche de SAMUEL ; TANNUCIO, invisible, au fond,
observe en silence.)

MADAME DE WALHBURG, à Samuel.

Gardez-les, monsieur, et puissent-elles vous
porter bonheur !

(TANNUCIO disparaît.)

SAMUEL, s'inclinant.

Mille grâces !

(Il attache les immortelles à l'un de ses brandebourgs
et redescend la scène en échangeant une poignée de
mains avec GOETZ. Madame de WALHBURG prend le bras
du chevalier et s'éloigne avec lui silencieusement.)

SCÈNE V

SAMUEL, GOETZ.

GOETZ.

Oh ! mon cher Samuel !...

(Ils s'embrassent avec effusion.)

SAMUEL.

Eh bien, me voilà, mon cher Goetz !...
Qu'avez-vous fait pendant mon absence ?

GOETZ.

Nous avons mené la même vie, aventureuse
et libre ; nous avons aimé, nous avons souffert,

nous avons travaillé ; nous avons sablé de larges
rasades en causant de toi le plus souvent...
Mais, viens ; Justinian, Manuel, Hans, Arnold
et tous les anciens attendent le président des
étudiants de Saxe ; ils sont impatients de con-
naitre les dépêches de Prusse et d'Allemagne.

SAMUEL.

Tout à l'heure.

(Applaudissements et cris dans la taverne.)

Quel bruit ils font, ces enfants !

(Il s'asseoit.)

GOETZ, debout près de lui.

Toujours grave ?... Toujours enseveli dans
les profondes pensées ?... Toujours en bonne
fortune avec la déesse Raison ?

SAMUEL, souriant.

Toujours.

GOETZ.

Il est des maîtresses moins jalouses et plus
galantes ?... Tiens, j'ai là, sur ivoire, un médaillon de la comtesse Elën... Connais-tu la
comtesse ?

SAMUEL.

Non.

GOETZ.

Un Titien, cher docteur !... Une brillante
courtisane, comme disent les Italiens.

SAMUEL.

Celui qui aime une telle créature mérite
qu'elle lui mette le pied, tôt ou tard, sur le
cœur et sur le front.

GOETZ.

Les femmes ne brisent l'avenir que de ceux qui n'en ont pas. Cher Samuel, à défaut des amours compliqués et superbes, ne sois pas, au nom de ta jeunesse, plus austère que les ermites !... Vois ce feuillage rouge ; c'est la fin de l'automne ; elles approchent, les longues veillées d'hiver ; la causerie aux clartés de la lampe, deux ou trois amis éprouvés et savants, autour de soi des livres, les chiens près du feu, la carabine accrochée, de bonnes pipes en porcelaines, bourrées de canastre, d'excellent thé sur la table, et, dans l'ombre, travaillant à côté du clavecin, la femme qui vous aime, n'est-ce pas le rêve d'un bon philosophe ?

SAMUEL.

Je comprends la duchesse Eléonore venant trouver Le Tasse, et la reine embrassant le poète endormi, mais je ne comprends pas les femmes que vous suivez dans les promenades.

Vous admettez au partage de votre existence
des cœurs tombés, des esprits nuls, des âmes
méchantes, vous dont le front pense magnifi-
quement! Une femme, dis-tu ? Celui qui accepte, ne fut-ce qu'une heure, l'amour d'une
pareille folle s'expose à perdre le sens de bien
des choses élevées. J'ai le cœur neuf, et si
j'avais le temps d'aimer comme vous autres, il
me faudrait mon égale ou la solitude. Mais je
veux garder la pureté de mon âme : c'est ma
liberté. Pas de souillures à la pensée ! Les
luttes chastes augmentent sa puissance lucide :
il faut écarter avec résolution ce qui cherche à
l'assombrir.

GOETZ.

Ah! tu es intraitable!... Encore faut-il un
idéal sur la terre !

SAMUEL.

Et c'est une femme que tu proposes?... —
L'Idéal ! — Je l'ai cherché longtemps. Sombre

et soucieux, j'ai connu la honte de vivre...
Oui, la souffrance a distrait longtemps mon
orgueil solitaire ; j'ai profondément douté de
l'invisible. — Alors, je me souviens, j'habitais
les plages du Nord comme un exilé. L'inquiétude du ciel me travaillait ; je ne pouvais
découvrir, je le sentais bien, hélas ! un idéal
digne de moi, que dans les royaumes de la
mort. Ce fut une folie si terrible, que je me
levais au milieu de la nuit, lorsque j'entendais
les tempêtes ; j'allais en mer, me perdre dans
les lames, et, hagard, je m'incarnais dans
l'Océan. L'infini, les clameurs du vent, les
rochers perdus devenaient le prolongement de
moi-même. Mon désespoir se drapait orgueilleu-
sement sous ces vêtements en désordre ; cette
vie, au fond, c'était la mienne ; ces grands cris
étaient l'expression équivalente des paroles qui
dormaient en moi ; la voix humaine n'étant pas
en rapport avec ce qu'elle voudrait parfois expri-
mer, je me servais, pour me plaindre de ces pou-
mons sublimes : tout cela criait pour moi !...

GOETZ.

Et tu écoutais avec ferveur, cette musique de

Dieu? C'était fort beau!... Pour moi, je l'avoue humblement, je préfère aux clartés de la lune sur les flots celles des candélabres sur les belles épaules!... Par les dieux inconnus! vivent la jeunesse et les belles nuits! les soupers ruisselants de fleurs, de femmes, de pierreries et de vins couleur de topaze! Vive la musique de l'or sur le marbre, le cliquetis des dés, le froissements des épées et des écharpes de soie! Vivent les chevelures noires, étincelantes, et les beaux vers qui célèbrent les belles adorées! C'est plus sûr.

SAMUEL.

Tu crois?... tu es libre. C'est une question de préférence d'idéal qui fait les différences humaines; tu pouvais choisir mieux, mon cher Goetz; mais chacun son goût.

GOETZ.

Ah çà! quelle Toison d'or as-tu conquise, à

la fin de tes courses plus qu'étranges, toi qui parles ?...

SAMUEL.

La certitude que cette vie influe sur une autre.

GOETZ.

L'idée, je le confesse, est assez en vogue depuis quelques siècles. Reste seulement à éprouver qu'elle correspond d'une manière positive à la réalité.

(Souriant).

Je te reconnais bien là!... Tu réveilles, à peine descendu de cheval, nos anciennes discussions.

SAMUEL.

La Terre dit au Germe : « Que sert de t'agiter

ainsi dans l'obscurité ? Pourquoi tant d'inquié-
tudes? que cherches-tu ? Je suis ta fin dernière, je t'enveloppe, je t'étouffe; toute lutte
est bien inutile. Il n'y a rien au-dessus de moi.
Ne serait-il pas plus sage de t'oublier dans un
repos divin, au lieu de t'épuiser en vaines fa-
tigues?... sommeille en moi pour toujours. »
Mais le Germe pressent la lumière. Il a le
mouvement, qui est la volonté de sa foi! Certain qu'il y a quelque chose au-delà, le Germe
n'écoute pas les tentations de la terre; il se
débat dans l'ombre, il meurt ; mais sa foi vic-
torieuse lui survit ! Elle transfigure son cadavre,
réalise la forme parfaite de sa nature, qu'il rê-
vait peut-être obscurément; il monte avec l'aide
de la mort, et, à travers les angoisses, enfin le
voilà qui s'épanouit au Soleil !...

(Après un instant).

Malheur sur les germes immobiles qui meurent tout entiers! Ils se sont payés des raisons
que leur offrait la Terre : rien ne prouvait, en
eux, leur immortalité! Qu'ils dorment, suivant
ce qu'ils ont voulu. La Mort n'est qu'une fille
de la Nature; il faut résister à la Nature pour
surmonter la Mort; la lutte deviendra la subs-

tance des choses espérées. Croyons-en la vue
des cieux ; souvenons-nous de la lumière !
N'écoutons ni les sens : ils sont de la terre ; ni
la chair : c'est de la nuit. Conservons jusqu'au
dernier souffle l'indomptable espérance ! Nous
passerons dans notre espérance ! A travers une
autre mort, nous nous efforcerons vers un
autre soleil.

GOETZ.

Voilà mon philosophe parti pour les régions
sublimes !... Heureusement, nous avons la
science qui est un flambeau, cher mystique ;
nous analyserons ton soleil, si la planète ne
fait pas explosion plus vite qu'il n'est de
rigueur !

SAMUEL.

La science ne suffit pas. Vous finirez tôt ou
tard par vous mettre à genoux.

GOETZ.

Devant qui?

SAMUEL.

Devant les ténèbres.

(Un silence).

GOETZ.

Pourquoi me dis-tu tout cela justement ce soir, mon cher Samuel ?

SAMUEL.

Je ne sais pas. Est-ce qu'on sait le pourquoi d'une chose?... D'ailleurs je parle dans le désert, tu es encore de ceux qui entendent sans entendre.

GOETZ.

Non. Tu pourrais bien avoir raison. Tu es très grand, Samuel ; tu deviendras un penseur puissant, et ton nom sera l'un des points de ralliement de l'esprit humain. Cela, nous en sommes tous persuadés.

SAMUEL.

Nul homme n'est nécessaire ; un autre peut venir à ma place, attirer l'attention de quelques esprits désenchantés même de l'indifférence, sur certains domaines de la pensée... Qu'importe le nom ? Je suis peut-être une parole ; je ne dois tendre qu'à me prononcer, le reste ne me regarde plus. Aussi je trouve que je n'ai pas le droit de songer à l'amour, aux dissipations et aux plaisirs. Je résiste à la tentation, et, comme le pli est pris, je n'ai pas grand peine. Chacun sa nature, je ne me plains pas de la mienne, voilà tout.

CHŒUR DE VOIX SONORES ET JOYEUSES DANS L'AUBERGE.

Fratres, gaudeamus (1)
Juvenes dum sumus !
Post jucundam juventutem,
Post molestam senectutem,
Nos habebit humus :
Igitur gaudeamus !

GOETZ.

Les entends-tu?... Quitte-moi, pour un instant, ces idées graves : viens te distraire avec nous : l'occasion est belle; nous avons du vin précieux; nous avons le projet d'aller souper à la Porte-Noire, après une promenade en barque sur l'Elbe ; viens-tu?

SAMUEL

Non : je suis fatigué. Je voulais seulement te serrer la main ce soir; je serai mieux disposé demain. Bonne nuit.

(1) Chant populaire des étudiants d'Allemagne.

GOETZ.

Eh bien, comme tu voudras, mon bon Samuel; repose-toi, c'est juste ! mais à demain.

(Ils se serrent la main. GOETZ rentre dans l'auberge).

SCÈNE VI

SAMUEL seul.

Quel temps de paradis !... Les belles étoiles !... La nuit sera tiède et charmante. O silence !...

(Il redescend, la scène pensif).

Mais je suis prince d'une nuit plus grande ; j'ai le cœur plein de liberté : je puis m'endormir dans la solitude.

(Apercevant un banc de mousse).

Voilà, je trouve un lit merveilleux.

(Après un coup d'œil entre les arbres).

Mon cheval est bien attaché, c'est cela.

(Il défait son ceinturon).

Je regagnerais bien mon auberge, mais c'est
si loin !... Le ciel est pur, le feuillage est sombre et tout est embaumé par l'automne.

(S'asseyant).

Décidément ce banc de mousse me paraît
plus commode que tous les lits de la terre.

(Il s'étend, s'arrange et ferme les yeux).

SCÈNE VII

LA COMTESSE ELEN, SAMUEL, endormi.

ELEN.

(Elle rentre par le fond, à gauche, presque en courant, masquée, enveloppée d'un long voile de dentelles noires, un poignard à la main. Elle s'arrête, regarde autour d'elle et fait quelques pas vers la charmille sans voir SAMUEL. Chancelante, elle s'appuie de la main contre les branches, ôte son masque et remet son poignard dans son corsage).

J'ai fui, cela m'étouffait!...

(Un silence).

Comme leurs paroles étaient fades et humiliantes! Un tour de valse et l'on m'aime; c'est affreux. Je regrette la pauvre maison de mon

5

père; c'est un malheur pour moi d'être née!...
Décidément, je ne veux plus de bals.

(Elle fait quelques pas).

Au moins on respire ici.

(Apercevant SAMUEL).

Tiens, c'est un jeune homme, un étudiant,
je crois. C'est insoucieux de dormir tout seul
à la belle étoile! — Sa moustache est brune et
ses cheveux sont bouclés.

(S'éloignant).

Quels seigneurs ennuyeux! Je ne veux pas
retourner dans mon palais cette nuit. Qu'ils
s'en aillent!... Ils me désolent!...

(Revenant près de SAMUEL).

S'il savait que je suis là cependant?...

(Un silence).

Hélas! pauvre femme charmante, il m'a vue
sans doute, et me voir c'est me connaître, pour

ces enfants. Il me donnerait un regard d'étonnement et un doux sourire : pourrais-je lui
pardonner jamais ce sourire-là ?...

(Un silence encore).

Comme son front résolu et fier oublie paisi-
blement ! Les charmes de la nuit, la tranquillité de ce dormeur, m'oppressent malgré moi.
Pourquoi suis-je ici ? L'air est devenu d'une
douceur mortelle, et ces rayons à travers le
feuillage me pénètrent...

(Souriante).

Il a bien raison ce jeune homme !

(S'éloignant un peu.)

Peut-être il ne me connaît pas ; où m'aurait-
il vue ?... Je suis folle.

(Rieuse soudainement.)

Qui s'imaginerait la comtesse Elën courant,
à cette heure-ci, les promenades de Dresde ?...

(Pensive.)

Le chant du rossignol me faisait mal tout à
l'heure, sur le chemin... Je voudrais bien

l'éveiller, je n'ose pas. — Vous allez voir qu'il va m'embrasser si je l'éveille.

(Frappant du pied légèrement.)

Ah ! mais il m'impatiente, à la fin ! Est-ce que c'est l'heure de dormir ? On ne dort pas comme cela, d'ailleurs !...

(Après avoir songé un instant.)

Oui, c'est une idée admirable ; c'est cela même. Je vais l'aimer trois jours sans qu'il sache mon nom ; je veux l'aimer simplement, ce jeune homme, et puis je m'en irai, je le laisserai seul avec mon souvenir. Ainsi je resterai pure et respectée dans l'âme de quelqu'un sur la terre. — C'est dit, je vais prévenir Térésa pour qu'elle renvoie tout le monde en annonçant que je suis malade.

(Elle fait quelques pas et revient.)

Quoi ! l'abandonner ?... S'il se réveillait ?...

(Les fenêtres du palais d'Elën s'éteignent dans le lointain.)

Ah ! ce sont mes femmes qui m'ont devinée, ou Tannucio... Tout est redevenu silencieux ; mon palais est sombre et tout en fleurs au milieu des lampes. Quel charme de le conduire, de l'attirer!... Allons!...

(Elle embrasse au front SAMUEL qui se réveille en sursaut.)

SAMUEL.

Hein?... Où est-ce?

(Après un profond silence.)

Oh! comme vous êtes belle.

ELEN.

Voulez-vous venir avec moi, Monsieur?

SAMUEL, debout, ébloui.

Comme vous êtes belle !...

ELEN, l'entrainant par les deux mains !...

Venez, venez.

(Ils traversent la charmille ensemble.)

(La toile tombe.)

FIN DU PREMIER ACTE.

ACTE DEUXIÈME

ACTE DEUXIEME.

Un salon dans le palais d'Elën.—Au fond, colonnades de marbre séparées par des tentures mobiles : au milieu des colonnes, un grand velarium d'étoffes bariolées de rouge et d'or. Cette draperie, lorsqu'elle est soulevée par l'un des personnages, laisse entrevoir une enfilade de riches salons. — Porte au deuxième plan, à gauche. Porte au troisième plan, à droite. Devant les portes, tapisseries de même étoffe que celle du fond de la scène. Au premier plan, à droite, croisée à vitraux dont le balcon donne sur les promenades du palais.— Tapis, carreaux de soie. Fleurs magnifiques et lointaines, à profusion, dans de grands vases blancs.—A gauche, sur le devant de la scène, un sofa. — Près de la croisée, à droite, un guéridon en ébène, sur lequel brillent un vase d'or et une coupe d'émail. — Les rayons de la lune seuls, illuminent faiblement la scène par la fenêtre ouverte. — Lampes turques suspendues au plafond, mais éteintes.

Au lever du rideau, Tannucio, vêtu de satin blanc broché d'or et rehaussé de perles, est assis, pâle, splendide et souriant, entre Carmen et Térésa, dans le milieu de la scène, sur un coussin, les jambes croisées à l'orientale; les deux élégantes jeunes filles sont penchées gracieusement sur le chanteur, qui tient une mandore à la main et s'accompagne.

SCÈNE PREMIÈRE

TÉRÉSA, TANNUCIO, CARMEN.

TANNUCIO, chantant.

I

Voici l'heure des sérénades,
Où brille, loin des colonnades,
Au cristal du fleuve changeant,
L'astre d'argent.
L'Espagne, dans ces nuits divines,
N'écoute plus les mandolines...
Bien de beaux yeux vont se fermer !
Il faut aimer.

II

Demain, tu pourras, jeune fille,
Danser la folle séguidille
Et mettre des fleurs, si tu veux,
Dans tes cheveux ;
Mais, ce soir, puisque la gitane
Suspend sa guitare au platane
Laissons-là nos résilles d'or :
Aimons encor.

III

Les souffles qui, sur les flots passent,
Aux ombres de ceux qui s'enlacent
Mêlent les feuillages légers
    Des orangers.
Si, près du fleuve monotone,
Ils doivent faner, à l'automne,
Les orangers et les amours :
    Aimons toujours.

(Un silence.)

CARMEN.

Encore, Tannuccio!...

TANNUCIO se levant et montrant le clair de lune,
avec un sourire.

Carmen, si j'improvise sur la guitare des
ballades lyriques d'un goût nocturne et délicat,
c'est que je suis un familier de cet astre!... Je

suis de ceux qui viennent au monde avec un rayon de lune dans le cerveau.

(Il va près de la croisée et se verse à boire dans la coupe d'or.)

Astre aimé des golfes du Sud!... Souveraine des espaces magiques!... Je bois à tes clartés.

.

CARMEN le regardant, rêveuse.

Le malicieux démon !... N'est-ce pas qu'il est bien fait, Térésa?

TANNUCIO.

Gracieuses petites fées, tout le monde n'a pas le bonheur, comme M. le conseiller aulique, d'avoir l'air de sortir d'un cor de chasse... Mais, par tes yeux, Carmen, cela n'empêche pas le baron de Walhburg, de prendre, avec un certain succès, le menton des jolies filles.

CARMEN.

Oh! le méchant page !...

TÉRÉSA, se levant et tenant des guirlandes
de fleurs à la main.

Et le prince charmant?... le nouveau venu?...
le jeune vainqueur?... avez-vous admiré sa
pâleur hier au soir, à son retour de l'ermitage
de Sainte-Luce?...

CARMEN.

La pâleur de l'amour!

TANNUCIO, pensif.

Si belle, qu'on eût dit celle de la mort.

TÉRÉSA, rieuse.

Est-ce qu'on meurt?

TANNUCIO.

C'est juste.

(Un moment de silence.)

La comtesse est une fée qui rend invisible!
Comment! aucune promenade, excepté celle
de l'Ermitage, au fond du parc!

TÉRÉSA.

C'est un prisonnier sur une douce parole;—
tu as raison : nous sommes ici au milieu des
fleurs, de l'ombre et de l'amour, — invisibles.

(Frappant ses mains, joyeuse.)

Alors, amusons-nous; jouons aux dés! tressons des couronnes, disons des concetti!

CARMEN.

Regardons le clair de lune.

TANNUCIO.

Faisons le diable ; — je suis en gaieté, ce soir !...

(Les draperies du fond s'entr'ouvrent.)

SCÈNE II.

LES MÊMES, UN DOMESTIQUE NÈGRE, ÉLEVANT AU-
DESSUS DE SA TÊTE UN CANDÉLABRE ALLUMÉ ; IL SE TIENT
IMMOBILE AU FOND DE LA SCÈNE.

CARMEN, au domestique.

Qu'est-ce ?

LE LAQUAIS.

Une dame voilée et qui ne veut pas dire son
nom désire parler à madame la comtesse.

CARMEN.

Faites attendre dans un salon.

(Le laquais se retire après avoir donné le flambeau à
TANNUCIO, qui le porte silencieusement sur le guéridon.)

(A THÉRÉSA, qui jette une mante sur ses épaules.)

Où vas-tu ?...

TÉRÉSA, souriante.

Vous ai-je adressé, hier soir, cette question,
mademoiselle ?...

(Elle sort à gauche.)

(Le laquais introduit MADAME DE WALHBURG et se retire ;
CARMEN entre à droite.)

6

SCÈNE III.

MADAME DE WALHBURG, TANNUCIO, SEULS.

TANNUCIO, se retournant, et à voix basse :

Vous ici, madame ? ..

MADAME DE WALHBURG, de même, vivement.

Tu n'as rien fait, n'est-ce-pas ?...

TANNUCIO.

Rien encore... — Mais, ce soir...

MADAME DE WALHBURG.

Attends !... Si résolue que je sois, je dois essayer.

(Elle le regarde avec un sourire bizarre.)

Afin d'éviter le remords, de concilier sans un meurtre... C'est une âme vénale ! — et je veux tenter... — Oh ! tu n'en souffriras aucun dommage...

(ELEN entre à droite ; TANNUCIO lui montre MADAME DE WALHBURG, avec un léger salut, puis se retire par le fond.)

SCÈNE IV.

MADAME DE WALHBURG, ELEN, puis, a la fin, TANNUCIO.

(Les deux femmes échangent un froid salut ; Madame de Walhburg s'asseoit sur le sofa que lui indique Elen et relève son voile ; la comtesse s'asseoit en face d'elle.)

MADAME DE WALHBURG, souriante, presque affable.

Je n'ai pas l'honneur d'être connue de vous, madame. Il est d'usage, dans le monde, vous le savez, de nommer avec une certaine défaveur toute personne conduisant le genre d'existence que vous paraissez avoir choisi ; je regrette, en vous voyant, cette différence d'idées qui nous sépare si nécessairement.

ELEN, un peu étonnée.

Je m'en afflige aussi.

MADAME DE WALHBURG, après un regard
vers les tentures.

Ne voulez-vous pas me faire cette gracieuseté
de vous rapprocher un peu, madame ?... J'ai la
voix fatiguée, ayant veillé toute la nuit.

(ELEN se lève et prend place auprès de MADAME DE
WALHBURG ; celle-ci examine le collier d'ELEN.)

Le beau collier !... Ces petites perles de jade
retenues par un fil d'or mat et supportant ce
croissant de béryls forment un bijou d'une
légèreté vraiment exquise.

ELEN.

Il est d'un joaillier romain très habile en
effet.

(A part.)

Que signifie ceci ?...

MADAME DE WALHBURG, dénouant autour de son bras,
un grand collier de diamants.

Les Italiens sont de brillants artistes ; mon
collier vaut cinquante mille florins et n'est pas
de l'élégance du vôtre.

ELEN, préoccupée et fronçant les sourcils, après un silence.

Pardon ; ces pierres sont fort belles et la
monture paraît d'une distinction...

MADAME DE WALHBURG.

Je suis obligée de le porter en bracelet ; j'attends une occasion de le donner ou de m'en
défaire.

ELEN.

Mais, Madame, puis-je savoir le motif auquel
je dois l'honneur d'une telle visite ?

MADAME DE WALHBURG.

Vous connaissez l'Italie ?... Vous y avez été fort admirée par un gentilhomme en qui j'ai de la confiance et qui me parlait même de vous, l'autre soir, dans les termes les plus enthousiastes.

ELEN.

Son nom, je vous prie !

MADAME DE WALHBURG.

Le chevalier de Rosenthal.

ELEN.

Ah ! j'ai le chagrin de me croire aimée de ce jeune homme, en effet.

MADAME DE WALHBURG.

C'est un cavalier très accompli ; cependant vous lui tenez rigueur, paraît-il, avec un peu d'injustice.

ELEN.

Peut-être ; je donnerais tous les poètes pour une heure de silence.

MADAME DE WALHBURG.

J'ai beaucoup d'amitié pour une jeune dame extrêmement puissante qui s'intéresse à lui.

ELEN

Ah !

MADAME DE WALHBURG.

Voyez, comtesse, à quel point je prends à
cœur d'être utile à cette personne ; je me suis
décidée à venir vous prier de le revoir.

ELEN, se levant.

De le revoir ! Andréas ?...

MADAME DE WALHBURG, à part.

Oh ! ce nom sur ses lèvres...

ELEN.

Mon palais est ouvert le soir à mes anciens
amis ; M. de Rosenthal n'est-il plus libre de me

faire l'honneur d'une visite ou d'une soirée ?...
Ne l'ai-je pas toujours accueilli suivant l'estime et la sympathie qu'il mérite, bien certainement.

MADAME DE WALHBURG, à part.

Du courage !...

(Se rapprochant d'ELEN, à voix basse.)

Veuillez bien entendre, madame ; ce jeune homme a pour vous une passion qui le fait mourir ; vous êtes persuadée de ses souffrances, un peu de douceur de vous adoucirait cette tristesse fiévreuse où votre indifférence l'a plongé... Vous l'avez aimé, rappelez-vous...

ELEN.

Je ne reviens jamais sur un souvenir.

MADAME DE WALHBURG.

Enfin, vous savez, il arrive alors, presque toujours, que ces sortes de feux s'éteignent vite ; son mal peut durer longtemps encore, si vous ne venez à son aide ; il cesserait en huit jours si vous le vouliez.

ELEN, se rasseyant après un instant.

Comment cette manière de guérir M. de Rosenthal est-elle agréable à cette dame dont vous parlez ?

MADAME DE WALHBURG, reprenant sa place auprès d'elle.

C'est qu'il y a différentes manières d'aimer, peut-être ne les connaissez-vous pas toutes ; M. de Rosenthal peut mourir de la sienne.

ELEN.

Je n'aime pas les hommes qui meurent.

MADAME DE WALHBURG.

Bref, il valait mieux un sacrifice, — agréable ou pénible, — qu'une perte absolue ; on s'est résigné à la nécessité.

ELEN

La méthode que vous proposez amènerait peut-être, avec moi, des résultats différents de ceux dont vous parlez, madame ; — d'ailleurs, je ne suis médecin que de ceux que j'aime.

MADAME DE WALHBURG, jouant avec le collier.

Eh bien, madame, un autre moyen. — Dans

cette ville il n'y a qu'une ombre, pour lui : c'est la vôtre. Il veut fuir à cause de votre présence !... Or, c'est un grand malheur pour une femme de ne pouvoir se faire aimer de celui qu'elle aime avant de le suivre... Cette ville vous est indifférente ; vous êtes libre, vous !... En vous éloignant, il ne partirait pas.

ELEN, à part.

Mais c'est un outrage continuel, que de telles paroles !...

(Haut.)

Ce collier relève la blancheur de votre bras et ce serait vraiment dommage que l'occasion se présentât de le donner ou de vous en défaire, comme vous le disiez tout à l'heure, madame.

MADAME DE WALHBURG, sombre.

Ah ?...

(Un silence.)

Je dois ajouter une pensée — ce sera la dernière — qui m'est venue et que je soumets à votre jugement. Il y aurait encore un remède : cette personne ne m'en a point parlé, mais j'ai quelques raisons pour croire qu'elle y a songé profondément ; le voici : vous êtes le vivant et le seul obstacle au seul amour, — une grande passion, — qu'elle ait éprouvée jamais ; en effaçant absolument l'obstacle, M. le chevalier de Rosenthal oublierait peut-être... — Je vous l'ai dit, madame, et ma présence et mon insistance vous le prouvent, — la personne au nom de laquelle je vous parle est aussi puissante que résolue.

ELEN, souriant et se levant.

Je regrette de n'avoir pas plus de temps à vous donner, madame.

(MADAME DE WALHBURG se lève).

MADAME DE WALHBURG, glacée, souriante et regardant l'appartement.

Les délicieuses fleurs !... Comme on doit-être heureuse dans cette tranquillité !

(Paraît Tannucio, debout près d'un pilier ; Madame
de Walhburg l'aperçoit et lui indique, avec un geste et
un regard terribles, la comtesse Elen, qui est détournée ;
puis, se rapprochant d'elle).

Je vous souhaite la bonne nuit, madame.

(Elle se retire par les draperies du fond).

SCÈNE V

ELEN, TANNUCIO

ELEN, criant.

Tannucio!... Tannucio!...

(Elle court à la croisée, comme étouffant).

TANNUCIO, s'approchant.

Plaît-il ?

ELEN.

Cours! fais suivre cette dame qui sort d'ici;
je veux savoir son nom.

(TANNUCIO quitte la scène),

SCÈNE VI

ELEN, seule.

Quel ennui profond!... Quelle amertume! Ne pouvoir gagner une heure d'oubli!... Je croyais tenir un peu d'amour, enfin! Voici le danger qui me réveille; l'indifférence, le passé!... Quelle est cette femme qui vient, presque, de me faire frémir?... Ah! soulever des jalousies, toujours; des colères!... Et ces femmes qui s'imaginent que je tiens à quelques milliers de pièces d'or! Comme elle montrait le collier avec ostentation!... Parce que mes amants ont eu le malheur d'être plus riches que moi... quelle pitié! quel mépris!... On n'aime pas un mendiant, parce que les mendiants ne sont pas bien élevés! Comme si la plus misérable des femmes n'aimait pas mieux l'amour que le pain! Si son Rosenthal avait été pauvre, elle ne l'eût pas connu!... Est-ce que l'on pense à ces calculs

7

risibles !... Tout se tient dans le monde, voilà tout.

(Un silence).

Mais je vois bien que je me suis encore trompée aujourd'hui! Je ne l'aime pas ce jeune homme.

(Elle indique par un regard de tristesse l'appartement d'où elle est venue).

Qu'ai-je donc fait à Dieu?... Je voudrais se-couer ces heures indignes comme une toilette usée !...

(Après un profond soupir).

Essayons encore une fois! Peut-être serai-je touchée un instant; ce serait une consolation... si cela console.

SCÈNE VI

ELEN, SAMUEL

SAMUEL, entrant et s'approchant d'elle.

Maria, tu es pâle, tu souffres.

ELEN, douce.

Rien. Ce n'est rien.

SAMUEL.

Si; tes mains sont glacées... qu'est-ce donc?

ELEN.

Mon poëte, mon rêve, ne te mets pas ainsi à genoux; c'est passé, puisque nous sommes ensemble.

(Elle s'approche de la croisée, puis s'accoude sur le balcon, blanche et languissante).

Oh! le fleuve illuminé! le ciel!... Regarde, mon ami : ce sont les bleus et profonds pays de l'Espérance.

SAMUEL.

Maria !...

ELEN.

Quelles senteurs nocturnes dans les arbres! Cependant l'odeur des roses est plus douce que

celle des orangers, n'est-ce pas?... A quoi pen-
ses-tu ?

SAMUEL.

Tes baisers sont plus doux que les orangers
et que les roses: ne parle que de toi.

ELEN.

Vous avez paru surpris de me rencontrer
l'autre soir; pourquoi? Ne devais-je pas venir?
Une autre fois, ayez soin de me reconnaître ;
peut-être aurai-je encore cette douce fantaisie
de vous soumettre à une épreuve de ce genre...
Oh! vous me pressez ma taille, vous me faites
joyeuse : ne m'aimez-vous pas mieux quand je
suis dans la mélancolie?

SAMUEL, passionné :

Laisse, oh! laisse-moi tes cheveux, et ton
front et tes regards pleins de beautés et de lu-

mières que je préfère aux astres mêmes de la
triste nuit. Comme j'ai vécu dans ces trois
jours! je ne me souviens plus.

ELEN.

Espère en moi, je t'en prie, cher effrayé!
L'amour que je puis donner n'est pas de ceux
qui fatiguent ni de ceux qui tuent, mais de
ceux qui retrempent... Pardonne seulement si
je suis naturellement triste. Je suis d'une race
éteinte, et je vous ai attendu de longues années.
En réfléchissant dans la solitude, j'ai perdu
toute gaieté, comme j'ai perdu toute innocence
avec vous. Un désir me reste : s'il fallait nous
séparer pour quelque temps, promets-moi de
vivre.

SAMUEL.

Tu fais partie de moi-même.

ELEN.

Autrefois j'étais rieuse et candide, ô mon

Samuel! J'ai connu les courses folles sur le
gazon; j'ai bien aimé les papillons de l'aurore
divine, et les fontaines et les prés émaillés.
J'étais humble et j'avais une foi toute pure;
j'étais une fille ingénue, et je m'attardais avec
amour dans le silence des bois; j'aimais bien
y promener ma robe blanche à la manière des
fées... Aujourd'hui... mais laissons cela, aimons-
nous seulement.

SAMUEL.

L'expression de ton visage ferait penser que
le sentiment d'un deuil ancien et inconsolable
a voilé ta destinée... Viens! parle encore. Oh!
le son de ta voix, je t'en supplie. Ton âme est
comme les fleurs qui ne s'ouvrent que le soir;
ton sourire est pareil à celui des séraphins
proscrits, mais, dans leur accablement, toujours fiers de l'Eternité.

ELEN.

Aussi, quand même nous ne devrions plus

nous revoir, tu m'aimerais toute ta vie, ô mon
Samuel!

SAMUEL.

Même si nous ne devions plus nous revoir
dans ce monde ; car, dans l'autre, il faudra bien
se retrouver : on n'efface pas les pensées... il
est trop tard désormais !...

ELEN.

La mort a peut-être des abîmes charmants,
comme la vie : c'est vrai.

SAMUEL.

Rappelle-toi notre pâleur subite, hier soir,
au sortir de cette chapelle en ruine!... Nous
descendions les marches couvertes de mousse ;
nous allions vers une longue promenade

assombrie par les marronniers. Tu t'appuyais à mon bras, défaillante et malade de vivre. Je croyais l'esprit d'une femme obscurci par les sensations, et je ne résistais pas à l'étonnement de t'entendre. Tes paroles étaient les plus élevées et les plus sereines, et ta présence me comblait d'oubli. Souviens-toi quelles impressions inconnues d'inquiétude et de stupeur vinrent nous troubler, nous oppresser lentement, par degrés invisibles. Ce fut, pour moi, je ne puis dire quel mouvement de la mémoire, nerveux et sinistre. Il y avait un secret pour nous dans l'attitude des grands arbres; une anxiété dans les lueurs de la rivière, dont les eaux sourdes grimaçaient sous les éclaircies. Et l'imprévu de notre rencontre, et cette promenade isolée nous frappaient comme un rappel de certains rêves!... Tu parlais à voix basse, et c'étaient des adieux à mille projets détruits... J'écoutais fort attentivement le son de ta voix : il était d'un timbre étouffé, taciturne, — comme le bruit du fleuve Léthé coulant dans la région des ombres!... — Nous nous sentions gagner par le profond, par le mystérieux silence; nous nous étions déjà connus peut-être, et quelque chose se touchait au fond de nos destinées : le fluide inexpliqué

du Commencement enveloppait notre mémoire
de ses vagues foudres; autour de nous le vent
froid se plaignait à voix basse dans les branchages desséchés.

ELEN.

Samuel!... ne me fais pas penser.

SAMUEL.

Alors, dans la grande allée, comme un rayon
t'illuminait à travers les feuilles, je te vis bail-
ler doucement, et cette tête endiamantée par les
clartés et faiblement souriante vint s'appuyer
sur mon épaule.

ELEN, lui mettant les bras autour du cou.

Oh! regarde la nuit, la nuit bleue et divine,
et rêvons ensemble d'avenir!

SAMUEL, agenouillé près d'elle en contemplation.

Je t'aime!

(Au fur et à mesure que SAMUEL a parlé, ELEN a laissé indolemment sa tête se pencher près de la sienne. Après un moment de silence et de regards ineffables, SAMUEL la baise au front.)

ELEN, les yeux demi-fermés.

Je t'aime!

(Les draperies s'écartent au fond de la scène; paraît TANNUCIO.)

SCÈNE VIII

ELEN, SAMUEL, TANNUCIO

TANNUCIO.

O châtelaine! et vous, sire cavalier, vous plaît-il que je fasse dresser une table vis-à-vis de ce balcon? Un souper avec des lumières, de l'air et du feuillage est une chose charmante.

ELEN.

Oui, Tannucio, si tu veux... Mais, Samuel, je suis un peu souffrante : votre parole est puissante, mon ami; vous m'avez impressionnée : Voulez-vous me donner ce flacon d'essence que j'ai oublié tout à l'heure.

SAMUEL.

Maria!...

(Il sort vite.)

SCÈNE IX

ELEN, TANNUCIO, seuls.

ELEN.

Eh bien?

TANNUCIO, allant refermer la porte par où est sorti Samuel.

Je ne saurai le nom de cette dame que bien avant dans la nuit. Sa voiture l'emportait; je suis arrivé trop tard.

(Il se rapproche sur un signe d'ELEN; celle-ci, après une seconde d'hésitation, cueille une rose sur un des vases de marbre, puis revient près du jeune page.)

ELEN, en respirant sa rose et d'une voix très basse.

Écoute : je ne l'aime plus, ce jeune homme...
C'est une chose étrange, mais il me paraît
tombé, quand il est à mes genoux. La poésie
me fatigue, à la fin. Je devine, sous tous ses
compliments, un caractère maussade, indécis
et inquiet. Il ne sait rien de l'amour et ne fait
qu'analyser, au lieu de se laisser vivre. Il n'a
pour lui qu'une certaine douceur. Il ne prend
aucune précaution pour se conserver le penchant qu'on a pour lui... Toujours auprès de
moi!... Je ne le déteste pas encore, bien qu'il
ait des côtés enthousiastes de M. de Rosenthal
et qu'il me rappelle le prince Ancelli... J'ai
même une certaine amitié... Je crains qu'il ne
souffre beaucoup lorsqu'il m'aura perdue, comme il arrive toujours... N'importe ! il ne m'ou-
bliera jamais : j'ai réalisé mon rêve. C'est bien.

(Mettant la main sur l'épaule de TANNUCCIO.)

Endors-le tout à l'heure en lui versant quelque drogue dans sa coupe.

TANNUCIO, à part.

Tiens, c'est bizarre! quel rapprochement
fantastique !

(Haut.)

Madame, il suffit... J'ai là, je crois, cette fiole
d'opium dont vous aimez quelquefois le sommeil resplendissant !

(A part.)

C'est bien singulier.

ELEN.

Je recevrai ce soir... dans une heure.

(Prenant un miroir sur la table et rejetant ses boucles
en arrière d'un mouvement de tête.)

Suis-je assez laide, au moins!... Préviens

Carmen pour qu'elle dispose mes parures et et ma toilette.

(Un silence.)

Fais allumer dans les salons.

TANNUCIO.

A l'instant même.

(Coup de timbre. Deux laquais, sur un signe de TANNUCIO, portent une table illuminée, pleine de fleurs et toute servie.)

ELEN, pensive et descendant la scène, à part.

Décidément, je suis celle qui n'aime pas.

(Les laquais se retirent, les draperies retombent.)

SCÈNE X

ELEN, TANNUCIO, SAMUEL, rentrant.

SAMUEL.

Voici le flacon dont tu parlais; — tu ne souffres plus, dis?... Si tu veux, nous irons voyager : je ne t'ai pas encore dit mon nom de famille : je t'ai aimée si vite que je n'y ai pas pensé.—Je suis le baron de Wissler; mon château n'est pas éloigné de plus de trente lieues; et si tu savais quel air pur on respire dans les forêts, là-bas.

ELEN, prenant son bras.

Mon bel ami, je suis bien ranimée, je vous assure, et pour ce soir, restons dans le pays des rêves.

TANNUCIO.

Daignez vous asseoir, Madame, et vous beau seigneur, — à table !

(On prend place : TANNUCIO, debout entre les deux jeunes gens, verse à boire, brillant et sinistre, avec des vases d'or ouvragés.)

ELEN, levant son hanap.

Je suis joyeuse. — Voyons !... une folie. Donne-moi du vin de Chypre.

SAMUEL.

Oh! Vous êtes la grâce elle-même.

TANNUCIO.

Seigneur Samuel, pardon : voulez-vous de ces oiseaux de Corse ?

ELEN.

Connaissez-vous l'Italie, Monsieur de Wissler ?
J'ai longtemps aimé la belle Florence, où je
suis née.

SAMUEL, à Tannucio.

Merci, mon jeune convive.

(A Elën.)

J'ai voyagé plus au loin; cependant, je n'ai
pas vu l'Italie.

ELEN.

Je ne me soucie pas de vous y conduire.
— Florence n'a plus ses grands poètes, ses
grands artistes et sa gloire; on ne peut s'y

distraire désormais. — Florence et l'Italie,
ainsi que Rome, ne brillent que du passé.

SAMUEL.

Les ruines sont plus belles le soir au tomber
du soleil.

ELEN.

Eh bien, puisqu'il est doux de s'y promener
au bras d'un ami et de respirer ensemble, avec
délices, le parfum des fleurs oubliées et le calme
des tombeaux, je ne refuserais pas d'y aller vivre, si cela vous plaît.

SAMUEL.

O charme ! Lorsque tu voudras.

TANNUCIO.

Tenez, mon gentilhomme, ces bonbons am-
brés et ces grenades. Il faut goûter en Allemagne des fruits de Syrie : j'en ai croqué bon
nombre en vous écoutant.

SAMUEL.

C'est vrai : vous êtes bien silencieux, monsieur le page !

TANNUCIO, lui versant à boire.

Moi ?

(Levant sa coupe.)

Je bois aux sombres amours.

SAMUEL.

Et je te ferai raison, bizarre enfant !

(TANNUCIO le regarde boire, après un regard d'intelligence à ELEN.)

TANNUCIO.

Un enfant !... Presque. Je suis un poète qui exécute ses rêves.

(A part.)

A l'un le sommeil splendide.

ELEN, à part.

C'est fini.

(Elle se renverse indolemment sur son fauteuil.)

Cueille une ou deux roses sur ce vase, Tannucio, tu nous feras un peu de musique, n'est-ce pas ?

TANNUCIO, à part.

A l'autre un autre sommeil.

SAMUEL.

O Maria !... serait-ce de bonheur et d'amour que je me sens fatigué ?... J'ai le front cerné par un sommeil de fer...

(Penchant la tête et s'accoudant.)

Cependant je suis heureux.

ELEN.

Endors-toi. Tu reposeras tout à l'heure la tête sur mes genoux.

TANNUCIO, apercevant au pourpoint de Samuel le bouquet de Madame de Walhburg.

Mais que vois-je à votre pourpoint, mon maître ? Un bouquet d'immortelles !... Vous n'y songez point. Ce n'est à vous ni de les porter ni de les offrir : — c'est la fleur des attristés.

ELEN, souriante, à Tannucio.

Donne.

TANNUCIO, à part, après un mouvement.

Quelle idée !... Oui ; cela doit être .

(Il prend les fleurs, et pendant qu'ELEN regarde pensivement SAMUEL qui va s'endormir, il passe derrière elle et tire avec vivacité le flacon de sa poitrine, puis il le renverse sur les fleurs, les frotte et les secoue vivement.)

TANNUCIO, présentant le bouquet d'immortelles à Elën.

Voici.

(Une musique de valse étouffée et harmonieuse s'élève derrière les draperies du fond.)

ELEN, prenant les fleurs en regardant Samuel.

Regarde : il s'endort.

(Elle pose un doigt sur ses lèvres.)

TANNUCIO, ne quittant pas des yeux le bouquet.

C'est la magie de l'opium qui commence.

SAMUEL, à demi-voix, les yeux presque fermés.

Ah ! c'est le calme de la nuit !... Le rêve
s'entr'ouvre aux enchantements triomphaux et
diaprés ! Les encensoirs des génies parfument
les ombres... Le son des timballes annonce de
lointaines merveilles ; l'horizon se transfigure
en royaumes... Salut, noir paradis.

(Il s'endort.)

ELEN, après un moment, frappe sur un timbre ; deux
valets nègres se présentent à droite ; TANNUCIO regarde.)

ELEN aux deux domestiques.

Vous allez prendre ce jeune homme. Il fait
nuit et la promenade est suffisamment sombre

pour qu'on ne vous aperçoive pas sous les arbres. Vous le porterez à la taverne des *Armes de Dresde*, sur un banc de mousse, auprès de la charmille : vous ramènerez son manteau sur son visage et vous l'y laisserez.

(Elle embrasse Samuel au front.)

Faites.

(On emporte Samuel. Elen regarde le bouquet d'immortelles qu'elle tient encore à la main. Après un silence, elle l'approche de ses lèvres pour l'embrasser. Tout à coup elle les éloigne de sa bouche, et, les yeux hagards, le jette par terre en portant la main à son front.)

Oh ! les fleurs terribles !... leur parfum me brise le cœur ! Je me sens pâle.

(Chancelante et d'une voix sourde.)

Qu'ai-je donc aussi, moi ?...

(Les tentures et les grands vélaria s'entr'ouvrent, et l'on voit les salons illuminés. — Des invités circulent en costumes et en parures ; des masques ; des femmes brillantes de brocart et de pierres précieuses ; des fleurs lumineuses, des jets d'eau de toutes couleurs entre des orangers et des citronniers, au fond du théâtre ; des pages portant des plateaux de liqueurs et de fruits glacés. — Elen s'appuie sur l'épaule de Tannucio et lui dit :)

J'ai failli l'aimer tout à l'heure, quand il
s'endormait... Laissons cela pour toujours.
Ne m'en parle plus.

(Un flot de masques aux riches déguisements, se pré-
cipite dans le salon et entoure la COMTESSE.)

TANNUCIO.

C'est l'odeur ténébreuse de l'opium qui vient
de vous indisposer. J'ai remarqué que les plan-
tes des morts et celles qui poussent dans les
cimetières ont comme une odeur de visions.

(Il rit.)

SCÈNE XI.

ELEN, TANNUCIO, LES MASQUES, puis ANDRÉAS
DE ROSENTHAL.

ELEN, au milieu des révérences, des sourires
et de la lumière.

Beaux seigneurs et belles dames...

(Elle chancelle.)

Je vous salue et je vous remercie...

(Elle tombe brusquement les mains crispées sur sa
poitrine.)

TANNUCIO, se précipitant vers elle.

Qu'avez-vous, madame ?

ELEN, se soulevant.

Ah ! rien. Je sais. — La dame noire...

(Un des masques s'élance à travers la foule muette et impressionnée ; il s'agenouille auprès de la COMTESSE.)

ELEN, à demi-voix.

Rien. — Je meurs, j'imagine.

(Elle regarde le bouquet silencieusement, puis TANNUCIO.)

Allons, je tombe en reine au milieu de mon royaume ! Je pardonne à tous ceux qui sont des traîtres au nom de cette belle nuit !... — Heureux ceux qui s'aiment !

(Poussant un cri d'angoisse et de souffrance.)

Ah ! mon Dieu !...

(Se soulevant avec effort.)

C'est dommage, la vie était belle encore, ce soir !

(Elle promène autour d'elle un regard et un sourire.)

Continuez la fête.

(Elle retombe sans mouvement. — Le masque agenouillé près d'elle pose la main sur le cœur d'ELEN morte, puis il ôte son masque : c'est ANDRÉAS DE ROSENTHAL.)

(La toile tombe.)

FIN DU DEUXIÈME ACTE

ACTE TROISIÈME

ACTE TROISIÈME.

(Le décor du premier acte. — Au lever du rideau, SAMUEL est endormi sur le banc de mousse auprès de la charmille, et enveloppé dans son manteau. GRÈTE et TÉRÉSA viennent par le fond à droite, derrière la charmille, sans voir le jeune homme).

SCÈNE PREMIÈRE.

TÉRÉSA, GRÈTE.

TÉRÉSA.

Oh! le beau soleil!.. Il est temps de rentrer au palais. Pourvu qu'on ne m'ait pas demandée cette nuit!...

GRÈTE, tristement à part.

Il ne reviendra plus, peut-être.

TÉRÉSA.

Comme tu es pensive !... A propos, ne vois-tu pas les étudiants quelquefois ?

GRÈTE.

Sans doute ; je suis même leur très humble servante depuis ma sortie du couvent... il y a huit jours.

TÉRÉSA.

Sont-ils bien faits la plupart ?

GRÈTE.

Certes... Et tu les reconnaîtras à leurs longues épées, à leurs joies bizarres, à leurs phrases solennelles. Leur consul, Samuel, disposerait sur un signe des trois mille glaives de l'Université ; leurs lourdes carabines font le bruit du tonnerre aux tirs d'Allemagne, ce sont les plus adroits, comme les plus savants et les plus braves. Tiens, les chefs se réunissent tous les soirs dans ces allées ; ils devisent de Dieu, de la mort et des choses mystérieuses, au-dessous de notre enseigne des : *Armes de Dresde*, et le plus souvent vis-à-vis d'un grand nombre de bouteilles de vin français.

TÉRÉSA.

Et... ces beaux yeux sont restés indifférents ?

GRÈTE.

Indifférents. — Supposais-tu le contraire?

TÉRÉSA.

Je ne dis pas non.

GRÈTE.

Est-il des signes par lesquels se trahit le penchant d'une jeune personne ?

TÉRÉSA.

Il se pourrait.

GRÈTE.

Des signes?... Lesquels! tu reviens d'Italie, tu dois être savante.

TÉRÉSA.

Tu es trop jeune pour que je t'explique toutes ces choses, petite Gretchen.

GRÈTE.

Comment avez-vous dit cela, mademoiselle?... Voyons, enseigne-moi?... Je t'en prie.

TÉRÉSA, se refusant.

Par exemple !...

(Se décidant).

Eh bien, quand cela commence, on se plaît, d'abord, dans les promenades solitaires.

GRÈTE.

Ah !

TÉRÉSA.

On devient pâle, songeuse.

GRÈTE.

Ah !...

TÉRÉSA.

Fantasque ; — et quand on voit celui qui
vous a fait ce mal, le cœur palpite, les pensées
se troublent ; il semble qu'on va mourir.

GRÈTE.

Mais s'il ne paraît pas s'apercevoir, lui ?

TÉRÉSA, à part.

Lui ?...

(Haut).

Alors on s'arme de résolution, cousine ; on
va le lui dire, tout simplement.

GRÈTE, vivement.

Moi ! je n'oserai jamais.

TÉRÉSA, de même.

Ah! tu aimes donc quelqu'un?...

(A part).

Belle ingénue!...

(Haut).

Donne-moi la moitié de ton souci pour ma peine.

GRÈTE.

Térésa, c'est impossible.

TÉRÉSA.

Cette charmille est sombre; l'aveu de tes chagrins en sera plus mystérieux.

(GRÈTE appuie ses deux mains croisées sur l'épaule de TÉRÉSA, et elles vont ensemble vers la charmille).

GRÈTE.

D'abord, je le rencontrai l'autre soir...

(Apercevant SAMUEL).

Dieu! lui!... Samuel!... Viens.

TÉRÉSA, à part, étonnée.

Samuel?...

(GRÈTE l'entraine dans la charmille et elles disparaissent sous les arbres).

SCÈNE II

SAMUEL, seul, s'éveillant.

Un rêve!...

(Il passe la main sur son front, se redresse et regarde avec stupeur).

Eh bien! et Maria! — Comment la taverne de Gottlieb?... Mais alors, qu'y a t-il donc?... Pourquoi n'est-elle pas ici?... Seigneur Dieu, je n'ai pas rêvé Maria, je pense!

(Il réfléchit et regarde sa main).

Voici l'anneau qu'elle m'a donné.

(Souriant après un silence).

Ah! c'est une fantaisie de cette enfant!... Celle dont elle me parlait l'autre soir, sans doute : je devine!... elle va venir, voilée, ado-

rable, souriante, à travers les arbres, et. me
jetant ses bras autour du cou, me demandera
si je n'ai pas eu de l'inquiétude...

(Il regarde les allées, puis pensif).

Mais quel rêve, ô ciel! je veux essayer de le
reconstruire dans son immense effroi!...

Lorsque j'eus tari le hanap d'or que me pré-
senta le page, — et pendant même qu'il parlait encore, — des sphinx aux têtes équivoques
et brillantes vinrent, un doigt sur les lèvres,
me fermer les yeux. — J'entendis comme un
bruit de houles lointaines, et je me trouvai,
sans étonnement, en compagnie de Maria, sur
une rivière sombre comme l'Erèbe, encaissée
et bordée par une chaîne de collines. Le bateau,
large et noir, n'avait qu'une voile : j'étais assis
à la barre; Maria reposait endormie sur ma
poitrine; et, le front dans la main, j'essayais
de me rappeler... Mais, là-dessus, le flambeau
de ma mémoire, obscurci par les brumes d'un
grand spleen lugubre s'éteignait vraiment tout
à fait!... Ce devait être un ensemble de circonstances spéciales, — j'avais, par exemple,
l'obscure idée d'un ancien naufrage, — et du
semestre nocturne qui surprend dans les terres

boréales ; — mais le mystère de ce passé se fondait lui-même avec le caractère impressionnant des ombres et leur solennité environnante.

Il paraissait être fort tard, — et il était tard en nous, aussi ! L'eau saumâtre du canal jetait des reflets d'étain, et des touffes de nénuphars en brillaient d'un éclat funéraire sur les rivages. Pas un souffle de vent, pas une bouffée d'air, dans l'accalmie où nous étions. Le silence ! — Les anneaux rouillés des rames ne heurtaient plus leurs crochets de fer, elles trempaient contre le bateau ; le long du mât pendait la misaine immobile. La barque glissait silencieusement et lentement, sans qu'une ride apparût sur les ondes, noires comme l'ébène ; de grands faucheux arpentaient ce miroir de leurs pattes grêles et poudreuses. Le paysage semblait suranné et très vieux : on eût dit qu'il n'avait jamais connu le bonheur du soleil. L'air était chargé de bleuissements violâtres ; à peine si je distinguais les limites apparentes de ce fleuve ; — elles étaient perdues dans la buée livide qui estompait les profondeurs de l'horizon.

Ces contrées semblaient oubliées de Dieu ; on eût dit les pays de la mort. Les fleurs sur les atterrages rosâtres, en recevant les rayons du falot, nous apparaissaient couleur de sang ;

leurs parfums plombés donnaient sommeil !...
L'une d'elles, surnageant, frappa mes regards ;
je l'arrachai pour parer la chevelure de la bien-
aimée ; — c'était une amiante, et ses longs fils,
en se froissant, rendirent comme le son d'un
instrument religieux, oublié — par exemple,
un cinnor hébreu. — Ainsi, le monde minéral
nous saluait avec l'aubade obscure des fossiles.
L'étrange azur ne semblait que très profond :
si éloignées qu'elles fussent, j'éprouvais malgré
la révolte de toute ma raison, la conviction que
ses limites étaient possibles Nous étions, nous
et cette nature, comme dans une vaste salle
scindée, un compartiment de l'Enfer ! Des con-
cavités, pleines d'astres inconnus, et dont la dis-
position ne paraissait pas contemporaine avec
notre mystérieuse espèce, se voûtaient au-dessus de nous, surplombant les sommets de la
double chaîne des collines riveraines. Et ce
firmament factice éveillait en moi des souve-
nirs confus ; c'était comme ces dômes tortueux
des souterrains de l'ancienne Mauritanie où,
sur l'ordre des cazufs enchanteurs, resplendis-
saient de subites et longues théories de lampes
tendues par des mains invisibles. Nous ne sa-
vions pas où nous étions. — Maria se réveilla ;
ses grands cheveux se dressèrent tout droits sur

sa tête, et, comme affolée par le silence, elle me dit à voix basse : « Nous ne sommes plus dans la vie. » Je voulus aborder ; mais sa main arrêta la mienne comme je saisissais la barre, et le gouvernail décroché s'engouffra silencieusement dans les eaux sépulcrales.

Ce fut alors que, pâles explorateurs de ces régions, nous vîmes se dresser autour de nous des végétations polaires ; des naucléas, des lotus, des lièges, cependant, mais léprosés par le lichen et par le nitre, avoisinaient les cratères éteints et les solfatares ; des branchages siliceux s'élevaient de roches en pierre à fusil ; des coraux violets, suspendus à des blocs vitrifiés, ornaient l'entrée des cavernes, et coloraient l'intérieur avec la lumière changée des étoiles ; dans les crevasses de ces rives saponifiées reluisaient, par myriades, les yeux des salamandres. D'ailleurs, pas une chauve-souris dans les airs ! pas une trace humaine. Ces lieux ne semblaient même pas hantés par les Esprits.

Tout à coup je crus entendre, dans l'éloignement, le son vague et affaibli de tambours et de trompettes ; on battait la chamade ; étions-nous signalés ?... J'avais aussi la pensée d'une ville lointaine et ancienne, saccagée et en proie à l'incendie.

Comme je rêvais à ces choses, Maria se mit
à chanter un chant monotone, en souvenir de
la terre des vivants :

« Je sais, « chantait Maria, pendant que la
« barque glissait ténébreusement », je sais un
« Esprit fatigué d'élévations stériles et d'es-
« poirs fondés sur les Ténèbres. Longtemps son
« vol puissant fut l'honneur des cieux : dans
« ses regards dormaient des rêves éternels : les
« soirs l'adoraient comme leur hôte et leur
« génie : les couchants, lorsqu'il s'exaltait au
« sein de leurs profondeurs hantées par les
« mânes des Dieux, empourpraient le glorieux
« veilleur de flammes et de merveilles ; — il
« s'attarda, par une soirée d'orgueil, d'amour
« et de triomphe : et la nuit foudroya ce mage
« de l'Ether. »

« Maintenant les cieux l'ont oublié. Sa vue
« ne peut plus en explorer les parages ennemis.
« Il est tombé à travers ses espérances per-
« dues ; il ira s'ensevelir dans la dureté de son
« adieu. »

Je me penchai vers elle : « De qui psalmo-
dies-tu ainsi le chant de mort ?... » lui deman-
dai-je à voix basse. — « De ton Esprit, » me
répondit-elle, « de ton Esprit, chère âme assombrie par mon amour !... » Et, indiquant les

ténèbres, avec un sourire, elle ajouta : — « Je suis la fille de cet Erèbe ! — Tu cherchais l'immortalité ? Tu la demandais autrefois ?... -- Regarde ! Reconnais-toi dans cette nature ! Reconnais tes pensées dans ces grandes fleurs maudites !... Ces eaux, et cette terre, et ces collines, c'est ton cœur dans l'épouvante !... Tu as douté à cause de la beauté d'une créature ?... Reconnais ton âme dans ce ciel interdit !... Nous sommes ici à jamais, sans savoir où nous sommes, sans nous aimer, sans nous souvenir !... La voilà !... la voilà, l'Immortalité ! » — Et comme je sentais couler mes larmes, je vis distinctement au loin une foule de formes humaines, rougies par les reflets d'un incendie immense. Elles descendaient, embrasées, une montagne, dans une course folle ; les doigts crispés brandissaient des torches ; les yeux étaient convulsés vers le ciel ; les bouches criaient à travers la désolation des rêves : « l'Immortalité ! L'Immortalité ! » et les formes disparaissaient de l'autre côté de la montagne. Alors je sentis mes yeux se fermer ; les ombres devinrent plus profondes ; la barque fatale se dérobait sous moi ; je crus sombrer ! Je poussai le cri le plus terrible ! Le premier sans doute dont un vivant eut osé jamais faire

retentir ces régions de désespoir et d'horreur;
— la vision s'effaça; et je m'éveillai pendant que
les échos infinis de ce monde intérieur répé-
taient toujours au loin, bien loin, à travers les
siècles : « L'Immortalité !... l'Immortalité !... »

— Dieu soit loué !... je vis encore. — Ce
n'était qu'un rêve; — un mensonge dont la
signification est nulle et absurde. Je suis bien
éveillé.

(Il se met à rire.)

C'est la belle matinée d'amour et de joie, c'est
le soleil de l'espérance.

SCÈNE III.

SAMUEL, GOETZ DESCENDANT LES MARCHES DE L'AUBERGE.

GOETZ, l'apercevant.

Samuel !... enfin le voilà.

(Il s'approche.)

Que deviens-tu, grand homme... demi-dieu ?... Mais...

(Le regardant.)

Est-ce bien toi d'abord ?...

SAMUEL, lui tendant la main.

Sans doute, mon cher Goëtz ; ne me reconnais-tu pas ?

GŒTZ.

Ton regard, — c'est surprenant ! — ton visage et ta voix sont changés ; cela ne m'a pas
produit cette impression quand tu es arrivé
l'autre soir.

SAMUEL.

Ah ! c'est que, depuis mon retour, j'ai rencontré quelqu'un dont la vue m'a transfiguré.

GŒTZ.

Puis-je savoir...

SAMUEL.

Une femme.

GOETZ.

Comment ! toi, tu daignes parler d'une
femme ?... Et cette rencontre a été d'une si
saisissante nature pour toi que je l'ai deviné !...
Par Eros !... ce front radieux... en effet, je
ne te reconnais plus... Dis-moi quelle histoire...

(Il met son bras sous le sien ; les deux jeunes gens se
promènent en causant.)

SAMUEL.

Il faudrait des siècles pour te l'apprendre !
J'aime une jeune femme qui a des yeux chastes
et graves, et qui s'est donnée à moi dans le premier regard et à jamais... Oh ! si tu savais
quelle pure intelligence ! et, au milieu d'enfan-
tillages divins, quelles nobles pensées !... Il
me fallait l'impossible et je l'ai trouvé ; j'ai vu
dans le regard de cette enfant l'oubli de la terre
et du ciel !... l'idéal.

GOETZ.

Ah ça ! mais..   — c'est-à-dire enfin... où
l'as-tu vue ?

SAMUEL.

Ici, le soir même de mon retour ; elle passait,
se promenant seule sous les arbres, comme un
génie. Je dormais, elle m'a réveillé, m'a dit :
« Je vous aime !... » et m'a conduit dans je
ne sais quel palais enchanté.

GOETZ.

C'est un conte des *Mille et une Nuits !*

SAMUEL.

Juste ; mais c'est la vérité.

GOETZ.

Par Astarté la Syrienne ! tu es un heureux mortel !

(Des chants funèbres se font entendre dans le lointain, en grande musique)

LES VOIX.

Quantus tremor est futurus
Quando judex est venturus
Cuncta stricte discussurus !

SAMUEL.

Qu'est-ce que cela ?

GOETZ.

Des psaumes de la mort. C'est un enterrement qui sort de l'église.

SAMUEL.

Ah ! parlons de la vie ! l'univers a changé
d'aspect pour moi !... Ce sont des clartés dans
les fleurs, les feuillages, les montagnes, dans
toute la nature. Je n'avais rien vu... Si tu savais combien je suis heureux !... comme un
enfant naïf, qui s'étonne de toutes les choses
qu'il voit.

GOETZ.

Ah ! tu comprends la terre maintenant !

SAMUEL.

Figure-toi, — mais en vérité, c'est impossible ! c'est plus qu'un ange, c'est une femme ! —
un être accompli de beauté, de grâce et de passion ! Ayant cette force d'attendre son rêve la
moitié de sa jeunesse, sans recevoir du monde

une seule ombre sur son front de vierge et conservant sa blancheur de cygne et d'hermine, afin de se donner un jour avec toute son âme, tout son cœur et toute sa beauté.

GOETZ.

Je ne comprends pas bien.

SAMUEL.

Et quand le destin lui montre brusquement ce qu'elle lui a rêvé, figure-toi cette jeune femme trouvant dans son cœur une certitude d'elle-même assez puissante pour oser, sans préambule, sans souci des vaines convenances, sûre, enfin, d'être comprise dans sa candeur auguste, trouvant, dis-je, cette grandeur de l'aborder aussi brusquement que le Destin le lui montre, et de lui dire : « C'est vous ? Je vous cherchais. Voici comment je suis et comment je vous ai attendu. Maintenant c'est moi : nous nous aimons depuis toujours. Réunis-

sons bien vite ce que nous avons de trésors
l'un et l'autre pour aller vivre ensemble et
mourir. »

GOETZ, après un instant d'ébahissement silencieux.

Ah ! les hommes de génie sont bien éton-
nants !... Comment ! toi... l'une des intelli-
gences les plus sublimes dont s'honore l'espèce
humaine, tu t'imagines qu'une telle femme
existe et que ces choses arrivent dans la vie
réelle ?... Et tu es un grand mathématicien !
un savant à trente carats ; un penseur déme-
suré !... Ah ! ah !

(Il rit.)

SAMUEL, riant et calme.

Goëtz, ce que je dis est vrai.

(Soulevant une bourse fort lourde qu'il a tirée de sa
poitrine.)

Si vrai — que, — tiens : voici, en or, en

billets et en diamants, le prix de ma fortune
vendue depuis deux jours ! — Je pars ; viens
avec nous si tu veux.

GOETZ..

Cher Samuel, que l'on supporte, — et cela
le sourire sur les lèvres, — douze ans de dénû-
ment, relevé des souffrances d'une maladie
aiguë, et que l'on monte ensuite aux échafauds
possibles d'un pied leste et joyeux, pour l'amour
d'une telle femme, je l'admets !... Ce serait
même un devoir, selon moi ; mais qu'une telle
femme existe sous le soleil ! non !... c'est in-
sensé d'y croire une minute.

SAMUEL.

J'aime à voir que tu comprends comme il
faut cette merveille parmi les créatures ! Sur
mon âme, il ne me fallait pas moins pour me
ressusciter !... Mon cœur attendait sans battre,
et je le croyais mort. Je ne m'étonne plus
maintenant.

LES VOIX FUNÈBRES, très rapprochées.

Tuba mirum spargens sonum,
Per sepulchra regionum
Coget omnes ante Thronum !

SAMUEL.

Qu'est-ce donc que cela ?

GOETZ.

Je te l'ai déjà dit, c'est un enterrement.
Il s'agit de cette brillante courtisane... tiens,
dont je t'ai parlé !... la comtesse Elën ; elle est
morte cette nuit. On suppose même un crime,
une jalousie de métier !... Circonstance bizarre :
on m'a dit qu'elle est tombée, subitement, au
milieu d'un bal donné en réjouissance de s'être
défaite d'un amour qui l'ennuyait ; l'un d'entre
nous, à ce que l'on ajoute. Enfin, peu importe !
C'était une femme bien charmante.

SAMUEL.

Comment peux-tu parler ainsi d'une effron-
tée de cet ordre?... Si tu savais, Goëtz! si tu
pouvais.. Elle est seule au monde, Maria!...
Quels songes de gloire et d'avenir! O mélancolie des séraphins! O pureté de son auguste
visage!... — et son front innocent!... — C'est
son âme surtout, son âme élevée et douce, que
j'aime!... Mais où donc est-elle, l'enfant? Je
m'attends à la voir à chaque minute... Elle est
à l'église peut-être...

GOETZ.

Tiens, voici le cortège.

(La tête de la sombre procession apparaît au fond, à
droite : un maître de cérémonies, la chaîne d'acier au
cou, la baguette d'ébène à la main ; puis des enfants de
chœur portant des encensoirs d'or et des corbeilles
pleines de feuilles de roses ; puis des pénitents blancs et
gris, le capuchon baissé, le cierge à la main ; puis l'offi-
ciant ; puis deux religieux portant des bannières de
deuil ; puis la croix ; puis le char funèbre, surmonté du

dais aux panaches blancs, aux rideaux de velour noir.
Dans le char, traîné par quatre chevaux caparaçonnés
de draperies noires, le cercueil ouvert, suivant la cou-
tume italienne. ELEN y est couchée, la tête découverte,
ses grands cheveux épars sur le linceul constellé de
larmes argentées, qui est jeté sur le reste de son corps.
Puis quatre hommes, vêtus de noir, officiels, tenant sur
l'épaule une bêche et un paquet de cordes à la main ;
puis un écuyer, vêtu de noir, tenant et contenant par la
bride à pied, le cheval blanc d'ÉLEN ; puis TÉRÉSA et
CARMEN, en deuil et voilées ; puis TANNUCIO, en deuil ;
puis des seigneurs et des dames voilées ; puis des pas-
sants ; puis des pages tenant des lévriers accouplés
et le faucon sur le poing, en deuil. Au bruit des
psaumes, les étudiants sont descendus de l'auberge, des
torches funèbres à la main : tout le monde a la tête-nue.)

.

LES VOIX, sur la scène, éclatantes.

Mors stupebit et natura,
Cum resurget creatura
Judicanti responsura.

SAMUEL, troublé.

Ah ! qu'est-ce donc, à la fin, que cela?...

(Se rappelant.)

Ah! oui... je sais.

(Se découvrant et haussant les épaules.)

Tant de bruit pour une fille !

(Sans se détourner et tressaillant.)

Oh! quel souvenir!... il me semble avoir
entrevu le page... le sommeil m'accablait...
Qu'est-ce que je fais ici ?...

GŒTZ, pensif.

Elle était bien belle, en vérité.

(Il tire un médaillon de sa poitrine et le présente à
SAMUEL.)

Tiens, regarde.

(SAMUEL prend machinalement le médaillon, y jette un
regard distrait ; son visage devient livide ; puis, après un
terrible silence, il se détourne, aperçoit ELEN sur le
cercueil et s'avance au milieu du théâtre.)

SAMUEL, d'une voix tonnante.

Arrêtez !

(Il entr'ouvre et jette son manteau ; ses insignes d'or brillent sur sa poitrine.)

TOUS LES ÉTUDIANTS, le reconnaissant.

Le Consul !

(Ils tirent leurs grandes épées ; se rapprochent sur un coup de sifflet, et font cercle devant la foule, autour de Samuel et du char funèbre, empêchant d'avancer.)

SCÈNE IV

SAMUEL, GOETZ, TÉRÉSA, CARMEN,
TANNUCIO, Etc.

SAMUEL, se précipitant brusquement sur le char, l'escaladant
et apparaissant au fond, debout, terrible, entre les rideaux
mortuaires qu'il écarte des deux mains, et considérant Elën
dans le cercueil.

Ah! je comprends. Tu as joué avec mon
âme et tu es morte au milieu de ta victoire...

(Il s'arrête.)

Tu es venue m'embrasser au front pendant
mon sommeil ; par toi, je suis tombé jusqu'à la
vie. O fiertés perdues! je suis le fantôme de
ce que j'étais.

(D'une voix basse et continue, et croisant ses bras sur
sa poitrine.)

Ainsi tu m'as volé mon premier amour! Tu
as souillé les premières paroles de ce cœur
chaste et tu l'as prostitué de ton souffle sacri-
lège! Tu m'as déshonoré aux yeux de Dieu!
Tu as raillé la dignité de ma conscience im-
pudemment. Tu as souffleté l'idéal sacré, plus
noble que le blason des rois, qui veillait dans
un précurseur! Tu as projeté ton ombre à jamais sur un génie ; tu t'es moquée de l'humanité qui t'avait donné ton sourire; tu m'as
menti !

(Tranquille.)

Dors en paix, femme, au nom de Celui qui
mourut comme un Dieu, je te pardonne; c'est
à moi d'expier seul un moment de faiblesse.

(Se redressant et d'une voix vibrante.)

Mais, comme je fus ton convive et que ton
pain m'est resté amer; comme tu aimais l'or,
auquel, raisonnable et désillusionnée, tu sacri-
fiais la vertu; comme je fus ton dernier amant,
et que la mort, soudaine, ne m'a point permis
de m'acquitter envers toi ; comme je ne puis
rien accepter de toi ni rien te devoir, morte ou
vivante, tiens!

(Il jette l'anneau, puis sa bourse sur le cercueil.)

Je t'estime la rançon d'un empereur! je veux être quitte envers toi!

SCÈNE V.

Les Mêmes, ANDRÉAS de ROSENTHAL ; puis GRÈTE.

ANDRÉAS, hors de lui, se précipitant l'épée à la main.

Monsieur, vous venez de prononcer des paroles et de commettre une action qui me révoltent; je ne sais de quel nom les flétrir car je les crois sans exemple jusqu'à vous !

(En voyant Andréas l'épée nue, les Seigneurs ont tiré leurs épées. Samuel étend la main, on s'arrête.)

SAMUEL, descendant du char et regardant
fixement le chevalier.

Monsieur, je puis estimer la démarche dangereuse que vous venez d'accomplir. Je rends

justice à l'homme du monde parlant au nom
des convenances sacrées, mais nos vertus ne
sont pas les mêmes. Si irréprochable que vous
soyez, il y a des abîmes entre nous. Dieu seul
peut savoir ce qui vient de se passer; je m'abs-
tiens de reprendre votre conduite, n'essayez
pas de juger la mienne; les consciences sont
diverses.

(Grète est descendue de l'auberge pendant ces paroles, et s'approche à travers la foule.)

ANDRÉAS.

Toutes les consciences disent qu'il faut laisser dormir les morts.

SAMUEL.

Et si la mienne m'affirme que cette femme
n'a jamais fait partie des vivants, pensez-vous
encore une fois que l'épée soit le juge et décide
cette question?...

(Tirant sa rapière et se retournant.)

Étudiants!... moi, Samuel, baron de Wissler, docteur de l'Université de Dresde, président des étudiants de Saxe, grand émissaire de la Vente-Suprême d'Allemagne, je vous rends cette épée, portée autrefois par les Francs-Juges. Elle était destinée, dans ma main peut-être à reluire encore pour une mission de gloire et d'affranchissement. Je ne l'ai jamais tachée jusqu'à cette heure que du sang des ennemis, lorsqu'à vingt ans je la portais déjà dans les batailles! Reprenez-là, je ne suis plus digne de la garder.

(On a reculé devant lui avec effroi pendant ce discours. Au CHEVALIER.)

Quant à vous, Monsieur, si je croisais le fer avec vous, je vous tuerais peut-être. Je vous prie de ne pas ajouter un remords à mon désespoir... Adieu.

SCÈNE VI.

LES MÊMES, MADAME DE WALHBURG, voilée de noir.

SAMUEL.

. Maintenant, frères, je ne suis plus rien, je rentre dans l'oubli pour jamais.

(Il détache ses insignes et sa croix orientale et les remet à GOETZ.)

MADAME DE WALHBURG, à Andréas qui remet l'épée au fourreau.

Et vous?

(ANDRÉAS se détourne, la reconnaît, recule d'un pas et tire de sa poitrine le bouquet d'immortelles, puis le lui offre avec tristesse.)

ANDRÉAS, à voix basse.

Je vous pardonne puisqu'elle vous a par-
donné.

MADAME DE WALHBURG, prenant les fleurs.

Oh!

(Elle cache son visage.)

ANDRÉAS.

Éloignez-vous de moi seulement.

(TANNUCIO sort de dessous le char et montre la bourse
jetée par SAMUEL.)

TANNUCIO,

Tout est bien qui finit bien.

(Il la met dans sa poche et disparaît sans être vu.)

GOETZ, à Samuel.

Mais tu es sauvé, frère, puisque tu parles si terriblement !... tu es guéri. Reste avec ceux qui t'aiment et qui t'admirent.

SAMUEL, secouant la tête.

Frère, on peut jeter une pierre dans certaines ondes : les cercles s'effaceront vite ! Mais il est des eaux profondes ; et si l'on y jette la même pierre, les cercles vont se prolongeant à l'infini et ne s'effaçent jamais. Adieu !

GOETZ.

Oui, je comprends : tout le crime de cette femme est que son caprice fatal soit tombé sur toi plutôt que sur un autre.

(Rêvant.)

Parce que cette enfant a voulu se distraire,
à tout hasard, oui, peut-être qu'une œuvre su-
blime, remplie de découvertes et de transfi-
gurations, et cela dans la science de la pensée !
sera retardée ou perdue pour l'Humanité entière. — C'est triste et mystérieux. — Que
choisis-tu ?

SAMUEL.

L'exil ! la prière ! la nuit !...

GRÈTE, agenouillée près de Samuel et lui prenant
la main.

Vous partez, Samuel !... ô mon Dieu !...

(SAMUEL la regarde, et, après un silence, l'embrasse
au front. Puis il se drape silencieusement dans son
manteau, prend un bâton de voyage, serre la main de
GOETZ et monte le chemin, seul, au fond, d'où il domine
toute la scène au moment où la toile tombe.)

SAMUEL.

Adieu, mes frères et mes amis!... Adieu !...

GOETZ, soutenant Grète agenouillée et évanouie, et la regardant pensif!..

Pauvre enfant!...

(La toile tombe.)

FIN

TABLE DES MATIÈRES

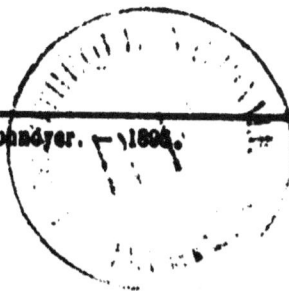

Le Mans — Typ. Ed. Monnoyer. — 1896.